Ce que vous avez sans demander

Junior Pérets

Editions Vision Biosphère

Voir la vie dans toutes ses possibilités

https://www.vision-biosphere.com/

ISBN : 9782958985004

Dépôt légal : Juin 2024

Le Code de la propriété intellectuelle n'autorisant, aux termes des paragraphes 2 et 3 de l'article L.122-5, d'une part, que les « copies ou reproductions strictement réservées à l'usage privé du copiste et non destinées à une utilisation collective » et, d'autre part, sous réserve du nom de l'auteur et de la source, que les « analyses et les courtes citations justifiées par le caractère critique, polémique, pédagogique, scientifique ou d'information », toute représentation ou reproduction intégrale ou partielle, faite sans le consentement de l'auteur ou de ses ayants droit ou ayants cause, est illicite (article L.122-4).Cette représentation ou reproduction, par quelque procédé que ce soit, constituerait donc une contrefaçon sanctionnée par les articles L.335-2 et suivants du Code de la propriété intellectuelle. Nous rappelons donc que toute reproduction, partielle ou totale, du présent ouvrage est interdite sauf autorisation de l'Éditeur ou du Centre français d'exploitation du droit de copie (CFC-3, rue d'Hautefeuille-75006 Paris.

Remerciements

Je remercie ici :

Cristina Maria Pereira pour tout son amour à mon égard.

Boutheyna Garbaa pour ses précieuses corrections.

Jean Paul Babungu, Héritier Diniame, Kabeya Mwembia, Berto Y. Malouona Nzouzi, Mélissa Mwembia et Evanhove Madzou qui m'accompagnent dans ce métier passionnant.

Ma famille, le nid à partir duquel j'ai fait mes premiers pas et pris mon envol.

Tous ceux qui m'encouragent et me découragent. Que tous ceux qui se reconnaîtront dans la contribution de cette œuvre trouvent par ces mots l'expression de ma profonde gratitude. J'ai écrit avec vous. Je vous remercie aussi. Je ne saurais pas être plus explicite et plus certain dans le choix de mes mots.

Renaissance

Table des matières

Préface 9

Une histoire intéressante 13

Pourquoi j'ai écrit 15

Découvrir vos talents 21

    Avoir du talent, les fausses notions 21

    Le concept talent 31

    Comment découvrir ses talents 35

    Le test d'évaluation des points forts 40

    Ikigai 42

    Les intelligences 45

Comment créer l'environnement de son talent ... 51

    L'environnement personnel et humain 53

    L'environnement matériel 60

    L'environnement géographique 63

    La gestion des idées 66

Le talent ne suffit jamais 69

    La passion 69

    La confiance 72

    L'action ou l'esprit d'initiative 73

- **La préparation** 79
- **La persévérance** 82
- **L'ouverture d'esprit** 84
- **La force de caractère** 86
- **Les relations humaines** 88
- **La responsabilité** 91

Vous avez le droit de réussir 93

Références bibliographiques 95

Vision Biosphère 97

Les livres du même auteur 101

« Ne cachez pas vos talents. Ils sont faits pour être utilisés. À quoi sert un cadran solaire à l'ombre ? » - Benjamin Franklin

Préface

Après la lecture du livre de Junior Pérets **« Ce que vous avez sans demander »**, deux contes pleins de sagesse m'ont tout de suite traversé l'esprit pour l'élaboration de la préface.

Le premier, « La légende sur la divinité cachée à l'homme » (Légende – Sagesse hindoue) et le second « l'homme malchanceux » (Conte – Sagesse)

Après analyse, le premier, « La légende sur la divinité cachée à l'homme » s'est avéré pertinent pour introduire l'ouvrage que vous tenez entre vos mains.

Plutôt que vous expliquez pourquoi je le trouve pertinent, que diriez-vous de le découvrir par vous-même ?

« Une vieille légende hindoue raconte qu'il y eut un temps où tous les hommes étaient des dieux. Mais ils abusèrent tellement de leur divinité que Brahma, le maître des dieux, décida de leur ôter le pouvoir divin et de le cacher à un endroit où il leur serait impossible de le retrouver. Le grand problème fut donc de lui trouver une bonne cachette. Lorsque les dieux mineurs furent convoqués à un conseil pour résoudre cette énigme, ils proposèrent :

-Enterrons la divinité de l'homme dans la terre.
Mais Brahma répondit :
-Non, cela ne suffit pas, car l'homme creusera et la trouvera.
Alors les dieux proposèrent encore « le plus profond des océans ».
Mais Brahma répondit à nouveau :
-Non, car tôt ou tard, l'homme explorera les profondeurs de tous les océans et il est certain qu'un jour, il la trouvera et la remontera à la surface.
Les dieux conclurent :

-Nous ne savons pas où la cacher car il ne semble pas exister sur terre ou dans la mer d'endroit que l'homme ne puisse atteindre un jour.

Alors Brahma dit :

-Voici ce que nous ferons de la divinité de l'homme...nous la cacherons au plus profond de lui-même, car c'est le seul endroit où il ne pensera jamais à chercher.

Depuis ce temps-là, conclut la légende, l'homme a fait le tour de la terre, il a exploré, escaladé, plongé et creusé, à la recherche de quelque chose qui se trouve en LUI... ».

Le véritable trésor de la vie se trouve en chacun de nous. Que vous soyez explorateurs, escaladeurs, plongeurs, commerçants, ingénieurs, artistes, médecin, coach, entrepreneurs, étudiants et autres. Le plus beau des voyages est intérieur. Découvrez, conquérez et transformez vous.

Ce joli conte hindou nous invite à un voyage intérieur à la découverte de soi.

Pour découvrir son talent, il n'y a rien de tel que **cette introspection** – le maître mot **c'est s'écouter**. Mais dans ce monde si bruyant sommes-nous toujours bien préparés et bien disposés à nous écouter ?

Vous conviendrez avec moi que ce n'est pas évident. C'est en cela que le livre de Junior Perets prend tout son sens, il nous donne les clés (processus) pour découvrir notre talent inné, le développer et le déployer.

Ne pas trouver son don, ce talent, reviendrait à ne pas découvrir cette divinité qui est cachée en nous.

Suivons Junior dans ce voyage.

Kabeya MWEMBIA
Directeur de MANPROJECT et
Trainer-Coach certifié Dale Carnegie Training

Une histoire intéressante

Un jour, Mark Twain a décrit un homme qui après avoir rendu l'âme, rencontra Saint Pierre aux portes du paradis. Sachant que Saint Pierre était très sage, l'homme lui posa une question qui l'avait turlupiné toute sa vie. Il lui dit : « Saint Pierre, je m'intéresse à l'histoire militaire depuis de nombreuses années. Qui fut le plus grand général de tout le temps ? » Saint Pierre lui répondit aussi tôt : « Oh ! c'est une question très simple. C'est cet homme, là, devant moi. » L'homme lui rétorqua, soudain très perplexe :

- Vous devez vous tromper cet homme, sur terre, c'était un simple ouvrier.
- Tu as raison mon ami, reprit Saint Pierre. Il aurait été le plus grand général de tout le temps s'il avait été général.

Pour cette histoire, Tom Rath fait le commentaire suivant : « Cette histoire illustre une vérité malheureusement trop répandue. Combien sommes-nous à suivre la mauvaise direction toute notre vie ? Beaucoup trop. Nous passons du berceau au bureau, puis du bureau au cercueil sans découvrir nos plus grands talents et notre formidable cachet. »

Je ne sais pas ce qu'il y a en vous. Je n'ai pas le moyen de le savoir. Vous êtes le seul à savoir. Je ne connais pas aussi vos capacités, ni vos talents, ni vos aspirations, vos désirs les plus profonds. Je peux dire en toute confiance que nous sommes tous détenteurs de trésors enfouis.

Pourquoi j'ai écrit

Après la lecture du livre intitulé *Le talent ne suffit jamais* de John C Maxwell, j'ai appris sur les éléments qui permettent d'exercer ses talents, de les faire émerger et les maintenir. Je suis moi-même écrivain et je croyais que le talent était suffisant, jusqu'à ce que je découvre ce livre. Je me suis rendu compte, comme on le dit souvent dans la vie, qu'aucune chose n'est une panacée. Tout dans la vie dépend d'autres éléments de la vie aussi. Je voulais partager ce que j'avais appris sur le compte YouTube de Vision Biosphère. Je me suis rendu compte que je ne devais pas seulement traiter ce sujet, mais le traiter dans sa globalité pour partager avec les autres. C'est ce qui m'a permis de me documenter sur le talent.

Chacun de nous a une qualité qui le distingue des autres. Nous pouvons tous faire la même chose, mais il y aura toujours certaines personnes qui font les choses bien sans faire beaucoup d'effort. Ceci depuis qu'on était dans la famille, au quartier et à l'école. Nous nous rendons compte de plus en plus qu'il y a des personnes qui ont certaines prédispositions que les autres n'ont pas, et vice versa. On appelle ça souvent le don ou le talent. Certains se sont focalisés sur leurs talents, d'autres non. Malheureusement, il arrive trop souvent qu'on l'atténue plutôt que de l'alimenter. Or le talent est ce que vous avez sans demander.

Il y a de ceux qui disent qu'ils n'ont aucun talent. Pendant que dans la vie chaque être humain en a au moins un. Jean Jacques Rousseau a dit : « Chaque homme apporte en naissant un caractère, un génie et des talents qui lui sont propres. » Quel que soit notre statut social, formations, métiers, chacun de nous possède au moins un talent dont nous n'avons pas souvent conscience et reste inexploité. Si vous n'arrivez pas à reconnaitre ou à découvrir vos talents, c'est que vous-même, vous ne vous êtes pas mis à la tâche, soit c'est votre environnement qui a tué vos talents. Selon Tom Rath : « Nos talents innés et nos passions, les choses que nous aimons vraiment faire, nous accompagnent toute notre vie. Mais trop souvent, ils ne sont pas exploités. » La créativité ne s'épuise jamais. Plus on l'utilise, plus on en a.

Selon Gay Hendricks, notre interaction avec le monde se produit dans quatre zones principales :

- La zone d'incompétence : elle est composée de toutes les activités pour lesquelles nous ne sommes pas doués. D'autres personnes sont en

mesure d'accomplir ces tâches beaucoup mieux que nous.
- La zone de compétence : elle est composée de toutes les activités pour lesquelles nous sommes doués, mais d'autres peuvent les exercer tout aussi bien.
- La Zone d'excellence : il y a les activités que vous accomplissez parfaitement bien. Vous gagnez bien votre vie dans cette zone. Pour ceux qui réussissent, cette zone est un piège séducteur, et même dangereux. Vous êtes dans la zone de confort.
- Zone de génie : c'est l'ensemble des activités pour lesquelles vous possédez un don unique. Ces activités font appel à vos forces et dons particuliers.

Mark Twain a dit : « Les deux jours les plus importants de votre vie sont le jour où vous êtes né et le jour où vous découvrez pourquoi vous êtes sur la terre. » S'il vous est déjà arrivé de vous poser la question sur la raison de votre existence, la réponse passe par les talents, les compétences et les aptitudes que vous avez.

J'ai commencé à écrire mes livres sans le dire à quelqu'un. Après quelques années, une seule personne savait que j'écrivais. Mais en échangeant avec mes proches sur certains sujets sur la vie de tous les jours, mes posts sur les réseaux sociaux, certains m'ont dit que ce que je disais était intéressant, qu'il fallait écrire des livres. Le jour où j'ai publié mon premier livre intitulé *Comment réussir avec les autres (les relations humaines comme une arithmétique)*. Quelqu'un m'a dit : « Je m'en doutais, tes messages et nos échanges avec toi me disaient : ce garçon a quelque chose qu'il cache. Aujourd'hui, tu as écrit un livre. » Aujourd'hui, j'en ai publié huit. Celui-ci est le onzième.

Moi j'ai reconnu mon talent par les informations que j'avais. Il y en a beaucoup qui ont du talent, mais qui ne savent pas par où commencer. Ce n'est pas trop tard. Cette réflexion vous aidera à :

- Découvrir, confirmer et rappeler l'existence de vos talents.
- Comprendre que seul, le talent ne suffit pas ou jamais.
- Créer l'environnement pour votre talent.

Le but de ce livre est la découverte de ce que vous pouvez faire et de continuer sur ce que vous faites avec aisance. Ce livre ne vous rend pas talentueux, mais vous permet plutôt d'avoir un esprit pour développer et aiguiser le talent qui existe déjà en vous. Cette réflexion peut aider les personnes à prendre davantage conscience de ce qu'elles sont, à tirer profit au maximum de leurs forces et surtout à contribuer à l'équilibre de vie. Elle vous permettra d'identifier vos principaux talents, utiliser vos talents dans la vie de tous les jours, découvrir sa propre stratégie d'émergence.

Voici les motivations qui m'ont amené à écrire :

- Dale Carnegie a dit : « *Les idées les plus brillantes au monde sont sans valeur si vous* ne les partagez pas ».
- Périclès a dit : « Celui qui a des idées et ne sait pas les faire passer n'est pas plus avancé que celui qui n'en a pas ».
- Rick Warren a dit : « Si on ne parle pas d'une chose, on en perd le contrôle ».
- Paul Arden a dit : « Partagez tout ce que vous savez, vous apprendrez plus ». Partager c'est multiplier.
- L'important est de ne pas laisser les bonnes idées vous filer entre les doigts. Une bonne idée peut changer le cours de votre vie et celle des autres si vous savez la capter.

- Un livre peut renseigner et faire évoluer quelqu'un.

Découvrir vos talents

Avoir du talent, les fausses notions

Avant d'aller plus loin, je vais donner quelques concepts erronés en ce qui concerne le talent à savoir :

- **Avoir du talent ne fait pas de vous un homme spécial** : avoir du talent peut vous donner un certain pouvoir dans la société. George Clooney a dit : « Lorsque l'argent et le pouvoir poussent l'homme à l'arrogance, la maladie ou la mort viennent lui rappeler d'où il vient et où il va. » Il y a ce que Thomas Sammut appelle « le mythe de l'homme supérieur. » Nous croyons que ceux qui ont du talent sont supérieurs à tous les humains. C'est faux. Nous sommes tous vulnérables. Dans mon enfance, il y avait deux chanteurs congolais dont je ne citerai pas le nom. Je me posais la question : est-ce qu'un jour eux aussi allaient mourir ? Je ne voyais pas comment la maladie ou la mort passeraient par leur corps. Avant que je n'atteigne mes vingt ans, les deux sont morts, l'un après un cancer et l'autre d'une crise cardiaque. Le mythe de l'homme supérieur n'est que dans notre imaginaire, pas dans la réalité. Thomas Sammut dit : « Il ne faut pas se laisser duper par le mythe de l'homme supérieur. Aucun être humain ne naît supérieur. »

- **Avoir du talent n'est pas une excuse à certaines circonstances de la vie** : n'utiliser pas votre talent comme un moyen pour vous faire remarquer, recevoir de l'attention et l'amour. Beaucoup des gens talentueux sont constamment à la recherche du soutien sans ignorer que l'on est déjà soutenu par la terre. Il y a de ceux qui utilisent leurs talents pour attirer les filles ou les garçons. N'oubliez pas que vous êtes un être humain comme les autres. Nous sommes d'abord humains avant le talent.
- **Avoir du talent ne vous exempte pas de chercher un emploi et ne veut pas toujours dire démissionner de votre emploi** : quel que soit votre talent, vous pouvez trouver un job alimentaire et continuer à exercer vos talents. Vous pouvez tirer ou non de l'argent de votre talent, mais vous devez avoir une source de revenus. Les gens talentueux sont souvent fauchés à force

d'attendre que leur talent soit la seule source de revenus. Nous avons tendance à croire que l'argent corrompt la créativité. Selon Austin Kleon, certaines œuvres d'art ont été faites pour l'argent. Votre emploi peut financer l'utilisation de votre talent. Moi-même, je suis un exemple. C'est moi-même qui finance la publication de mes livres. Vous pouvez avoir un emploi et exploiter vos talents. Il y a des emplois qui payent mieux que les talents et vice-versa. Dans plusieurs salons du livre, j'ai échangé avec des écrivains qui sont banquiers, professeurs de lycée, agents administratifs et autres métiers. D'autres métiers peuvent constituer une source d'inspiration. Je ne nie pas qu'il y ait de ceux qui vivent avec leurs talents et d'autres non. Vous êtes le premier à promouvoir votre talent par votre propre poche. Mais l'objectif de la plupart des gens qui ont du talent c'est de vivre intégralement de leurs talents. Il faut adapter votre rêve à votre talent. Ils oublient que cette façon de voir les choses tue la créativité. Il ne faut pas rester sans rien faire. Il y a des idées que vous n'avez que lorsque vous avez un boulot. Vous pouvez continuer à exercer vos talents en travaillant à côté. Avoir un travail n'est pas un déshonneur.

Ce qui est un déshonneur, c'est d'exiger que votre talent finance toute votre existence. C'est ce que Elizabeth Gilbert appelle : « hurler sur un chat », parce qu'il n'a pas la moindre idée de ce que vous dites. Nous avons tous besoin d'argent. Avoir du talent ne veut pas dire quitter son emploi. Tous les talents n'exigent pas de quitter votre boulot. Lorsque j'ai commencé à écrire, pour certains, je ne devais plus faire un autre travail qu'écrire. En lisant les livres d'autres auteurs, j'ai compris que la majorité des écrivains avaient un boulot qui n'avait rien à voir avec l'écriture. Votre talent exige aussi que vous puissiez avoir un autre métier. Pour les écrivains, écrire exige une autre profession hormis la littérature. Zamenga disait : « Un livre s'écrit en circulant. » Quelqu'un qui fait un autre métier décrit les choses de manière réelle et reste intéressant, on sent le vécu. C'est aussi possible de ne vivre que de son talent. Victor Chklovski a dit : « Avant de devenir écrivain professionnel, il est nécessaire d'acquérir d'autres habitudes et d'autres connaissances et ensuite d'être capable de les incorporer au travail littéraire. Si l'écrivain doit avoir une seconde profession, ce n'est pas tant pour éviter de mourir de faim que pour être à même de produire des œuvres littéraires et cette seconde profession, il ne doit pas l'oublier, mais au contraire travailler avec elle. »

- **Avoir du talent ne veut pas dire tout faire à la perfection** : il faut bien faire les choses. La perfection n'est pas de ce monde. Tout ce que nous faisons a besoin de la perfection. C'est la raison pour laquelle, il y a réédition de livre. La perfection c'est un piège et un mythe. Il est impossible de l'atteindre. Le perfectionnisme vous empêchera de rendre votre talent public. Il peut vous empêcher de commencer ou de finir ce que vous avez commencé. Le perfectionnisme est la peur en mode haut de gamme. Il vous fait perdre du temps.
- **Avoir du talent ne veut pas dire avoir la meilleure idée du monde** : Aujourd'hui beaucoup des gens s'attendent à des idées du genre eurêka[1]. Ils sont à la recherche à une idée

---

[1] J'ai trouvé une solution ! Cette célèbre expression fut prononcée par Archimède lorsqu'il se rendit compte, en prenant son bain, de l'effet de son poids sur le niveau de l'eau. Il venait de découvrir la fameuse « poussée » qui portera plus tard son nom. Si content de lui,

géniale ils s'attendent à une idée à laquelle personne n'a jamais pensée. Même si vous êtes la première personne à trouver cette idée, il y aura de la concurrence. Cela vous exigera de l'innovation permanente. Cette idée que vous attendez depuis toujours ne viendra pas toute seule. Il vous faut aller la chercher par la réflexion, les études, les échanges et les promenades. Je vous informe que cette idée n'a jamais existé, votre talent doit répondre à des besoins. Julia Cameron a écrit : « Certaines œuvres, parmi les plus créatives, sont réalisées les jours où vous avez l'impression que tout ce que vous faites ne vaut absolument rien. »

- **Avoir du talent n'est pas synonyme de célébrité ou de succès dans le futur** : avoir du talent est différent de la célébrité. Il y a des gens qui sont du célèbre sans talent. Il y a des gens qui ont du talent, mais ne sont pas de célèbre. Ne cherchons pas la célébrité. En le cherchant, vous risquez de vous perdre et de

---

il sortit en criant « eurêka » (j'ai trouvé). Depuis, cette expression est restée et il n'est pas rare de l'entendre prononcée lorsqu'une personne trouve la solution à un problème.

https://www.linternaute.fr/expression/langue-francaise/147/eureka/

faire n'importe quoi. Le but du talent c'est l'utilité dans la société en comblant un ou plusieurs besoins du monde. Voici un exemple que vous pouvez élargir dans d'autres domaines. Les coiffeurs et coiffeuses des présidents, empereur, rois et leurs femmes y compris les hommes et femmes célèbres et les grandes fortunes ne sont pas toujours connus du grand public, mais sont talentueux. Il est à noter que des coiffeurs sont célèbres dans le monde des coiffeurs. Entre eux, ils se connaissent. Il y a la célébrité liée à un cercle des gens du domaine. Il y a de ces talents qui exigeront que vous soyez à l'ombre des autres. Par exemple dans le monde des paroliers. La popularité n'est pas synonyme de talent. « Les mauvaises odeurs sont connues, mais personne ne les apprécie. » A dit Felix Wazekwa.

- **Avoir du talent n'est pas toujours synonyme de fortune** : le but du talent n'est pas d'avoir beaucoup d'argent. « L'argent est la conséquence et le résultat du travail bien fait. », comme l'a dit Kabeya Mwembia. Si vous faites quelque chose avec joie, cela vous amènera à le faire bien, ce qui fera que beaucoup de gens vont recommander vos services. C'est en tenant compte de la qualité de vos services que vous serez rémunéré et non l'inverse. Si les besoins des autres sont satisfaits, les vôtres le seront. Beaucoup de gens pensent vivre pour l'argent. Nous vivons pour être utiles aux autres. Ne vous réveillez pas le matin pour gagner de l'argent. Il ne doit pas être votre raison d'être. Demandez à ceux qui cherchent l'argent s'ils l'ont déjà trouvé. Ils sont toujours en quête d'argent. Il ne cherche pas l'argent, mais ils cherchent les sentiments que donne le fait d'en posséder.

- **Il n'y a pas de grand talent ni de petit talent** : celui qui chante n'est pas plus grand que celui qui joue de la guitare et inversement. Il y a tout simplement de la complémentarité. C'est ainsi que lorsque l'on parle du talent les gens font référence directement au chant ou l'art oratoire.
- **Avoir du talent ne veut pas dire que vous serez le numéro un** : le but ce n'est pas d'être le premier, mais d'être juste bon dans ce que vous faites. Vous devez plutôt consacrer vos efforts à la maîtrise de ce que vous faites. Il n'y a pas quelqu'un dans ce monde qui a tout le

talent. Stendhal a dit : « Il n'est pas donné à un seul être humain d'avoir à la fois tous les talents. »

- **Avoir du talent ne veut pas dire qu'un jour vous allez remporter un trophée dans votre domaine** : ce n'est pas ça le but d'un talent. Le but est que votre talent profite aux autres, et vivre une vie heureuse. Je ne suis pas contre ceux qui ont eu des trophées. C'est toujours une joie de les recevoir.
- **Le talent ne fait pas de vous un homme hors de la société** : beaucoup sont ceux qui veulent vivre retranchés de la société. En cherchant un logement loin pour avoir la tranquillité. Pour les écrivains, sans la société il n'y aurait pas la matière pour écrire. Il en est de même pour les autres talents.
- **Avoir du talent ne vous épargne pas de vous former.** Notre père nous disait qu'il y a des formations qui exigent d'aller dans une école et il y a les formations sur le tas. Votre talent n'a pas commencé par vous. Il y a des gens qui vous ont précédé. Aucune formation ne donne du talent. C'est pour le perfectionnement. Un professeur de musique a dit ceci : « L'école de musique ne fait pas de toi

un musicien ? mais plutôt développe et aiguise le talent qui existe déjà en toi ». Personne ne vous empêche de vous former pour perfectionner vos talents. La formation permet de connaître le contour du domaine de vos talents. Vous pouvez faire toutes les formations qui vous permettent de perfectionner vos talents. La plupart des talentueux négligent l'école. Ce que vous ne voulez pas apprendre dans le calme, vous allez l'apprendre dans les larmes. La formation vous permet aussi de voir plus loin que votre talent. Parce qu'il existe des talents qui ne durent pas toute la vie, surtout dans le domaine du sport. Georges Weah après sa carrière dans le football est devenu politiciens jusqu'à devenir président du Libéria, Samuel Eto'o : président de la Fédération Camerounaise de football. Zidane : coach. La formation vous donne bonne posture dans votre domaine.

Le concept talent

Tout le monde a un talent. Tout le monde a des capacités. Souvent, on ignore qui on est et ce que l'on peut faire. Tous les business que nous voyons sont partis d'une idée, d'un talent ou d'un savoir-faire. Beaucoup ignorent leurs talents parce qu'ils se concentrent sur les talents qui sont très voyants : chant, danse et humour. Il n'y a pas que ça, il y a de ceux qui savent inventer, organiser. Tout simplement parce que vous n'êtes pas dans l'environnement adéquat pour atteindre vos objectifs. Votre talent vous permet de voir le monde d'un œil neuf, on se voit toujours avoir quelque chose à faire.

Selon le CNRTL (Centre National de Ressources Textuelles et Lexicales), un talent c'est l'aptitude, une capacité particulière, une habileté, naturelle ou acquise, pour réussir en société et dans une activité donnée. D'après Patrice Ras, le talent est :

- À l'origine une unité de poids (environ vingt, puis vingt-sept kilogrammes) et de monnaie (un talent d'or ou d'argent), donc une richesse... énorme !
- Puis le mot prend le sens abstrait, celui d'une disposition naturelle ou acquise, dans un

domaine intellectuel ou artistique (synonyme du génie).
- Aujourd'hui, c'est une « sur-compétence », un savoir-faire ancré depuis l'enfance et développé systématique (mais inconsciemment).

Dans le domaine du talent, il y a plusieurs termes qui sont proches. Patrice Ras nous en donne quelques définitions :

- Le don : c'est une capacité innée (comme la prédisposition), physique ou psychique, donnée par la nature ou Dieu qui peut se développer. Exemple : une grande beauté, une grande intelligence.
- La prédisposition : c'est une tendance psychique large, naturelle (comme le don), un penchant, une facilité, un don ancré dans la personnalité. Exemple : une prédisposition pour l'art, le sport, les sciences ou la communication.
- La capacité : c'est la possibilité, un pouvoir ou une compétence de faire quelque chose dans n'importe quel domaine. Exemple : la capacité à diriger ou décider.

- La compétence : c'est un savoir-faire acquis (formation et surtout expérience) immédiatement utilisable. C'est aussi un savoir-faire immédiatement opérationnel. Exemple : La compétence à diriger ou à décider.
- La « sur-compétence » : C'est une compétence extraordinaire, un talent qui cumule la prédisposition innée et l'acquis de compétence. C'est le mot le plus proche du talent.

Selon Thierry Dubois, le talent est une capacité qui nous permet de faire quelque chose spontanément, avec aisance, mieux que les autres sans effort apparent.

Selon Myles Munroe, un talent est une capacité naturelle pour faire quelque chose dont le monde a besoin. En ce qui concerne le talent, nous pouvons dire ceci :

1. Un talent ne s'apprend pas, mais il peut être raffiné. On ne part pas à l'école pour découvrir son talent. La formation nous permet d'affiner nos talents. Un talent valorise votre existence, il vous distingue des autres.

2. Le talent nous émerveille toujours : pensez au footballeur qui nous émerveille au stade.
3. Nous devrions reconnaitre leur contribution sociale : le cours de l'histoire a été changé par ceux qui ont du talent et qui ont su le maximiser.
4. Tout le monde a du talent : pour trouver vos talents, vous devez trouver votre zone de génie. Chacun de nous a intérêt à découvrir sa zone. Il n'y a personne qui a tous les talents.
5. Celui qui prend conscience de son talent le développe.
6. N'importe qui peut faire les choix qui ajouteront de la valeur à son talent : les choix que vous allez faire vous démarqueront des autres. Chaque choix que vous faites fait de vous ce que vous êtes.
7. Le talent est naturel, mais la réussite est une chose qui se mérite.

John C Maxwell disait : « Dans la vie, il faut trouver quelque chose que tu aimerais faire gratuitement et que tu feras tellement bien, que les gens seront prêts à payer pour en profiter. »

Comment découvrir ses talents

La découverte de ses talents ne s'apprend pas à l'école. Le système éducatif ne nous outille pas suffisamment pour identifier nos talents. Pendant que nous vivons dans un monde imprévisible et en changement permanent, depuis l'enfance nous ne sommes pas encouragés pour nos talents et nos aspirations profondes. Beaucoup des gens trouvent toujours des excuses pour découvrir leurs talents, ils veulent toujours justifier leurs incapacités, ils deviennent amoureux de prétextes. Vouloir se cacher derrière les excuses annule votre capacité de découvrir les talents. Il est utile de connaitre son talent. La connaissance du talent nous rend conscients de ce que nous sommes et augmente la confiance et l'estime de soi.

Il existe dans notre cerveau une zone qui peut soit nous aider à mieux vivre, soit nous pousser vers des problèmes c'est le **système d'activation réticulaire** ; c'est le système qui filtre les informations nécessaires par rapport à nos centres d'intérêt. Il faut avoir un centre d'intérêt activé. Lorsque vous allez reconnaitre vos talents, votre cerveau sélectionnera et retiendra les informations en fonction de centre d'intérêt qui est votre talent. Les éléments suivants vous permettront de découvrir vos talents :

1. **Reconnaitre ce que vous faites facilement, ou quelle est l'activité qui vous donne le plus de joie lorsque vous la faites** : quelles sont ces choses que vous pouvez faire chaque jour sans argent et le faire passionnément toute votre vie, ce qui fait votre joie. Moi, c'est écrire et aider les autres à résoudre leurs problèmes. Il peut arriver à celui qui travaille dans le domaine de ses talents oublier les autres, le temps, la faim. C'est comme ça que j'ai compris que j'étais écrivain. Je connais des gens qui cuisinent avec joie jusqu'à être invités dans un autre pays pour cuisiner tellement ils le font bien. Quelle était l'activité que vous aimiez faire dans votre enfance ou votre jeune âge ? Beaucoup des gens diront : jouer. Ce n'est pas ça. Moi, quand j'étais plus petit, je posais beaucoup de questions à mon père. J'étais curieux et j'aimais beaucoup lire. Ma mère m'a rappelé que lorsque j'étais à l'école primaire l'argent qu'on me donnait pour m'acheter à manger je l'utilisais pour acheter de petits livres. Quelle est la chose que vous pouvez faire facilement et qui semble pourtant difficile pour les autres ? Simone de Beauvoir avait dit : « C'est dans la connaissance des conditions authentiques de nos vies que nous devons puiser

notre force, nos raisons de vivre. » On peut aussi trouver son talent en se posant ces questions : qu'est-ce qui déclenche mon intérêt et ma curiosité ? Qu'est-ce qui me rend heureux et utile aux autres ? Celui qui est passionné est toujours incompris, il peut être traité de fou. On peut aussi découvrir son talent en se posant cette question : qu'est-ce que j'aime faire ? Votre passion est un point de plaisir. Qu'est-ce que vous faites avec plaisir, est-ce chanter, écrire, danser, cuisiner ? Dans cette même lignée qui sont les gens qui vous attirent ? Est-ce les orateurs, coach, acteur, dessinateur ? Une autre question : Qu'est-ce que vous avez, ou qu'est-ce que vous aimez apprendre, lire, regarder ? Qu'est ce qui fait l'objet de vos frustrations ? Le talent c'est aussi ce que nous apprenons facilement. Nous ne lisons pas les mêmes livres, nous ne regardons pas le même type de vidéos et les mêmes rubriques du journal. Nous n'apprenons pas tous de la même manière et les mêmes matières.

2. **Poser la question aux autres : qu'est-ce que les autres reconnaissent comme talent chez vous ?** On peut reconnaitre ses talents en posant des questions aux autres, qu'est-ce qu'ils trouvent en vous ? Que faites-vous bien, avec passion, même si c'est difficile ? Je connais un de mes proches qui a eu son bac en technique agricole, mais pendant qu'il était

à l'école, ses collègues lui disaient qu'il ferait mieux d'aller étudier la littérature française, parce qu'il corrigeait les autres sur l'emploi des mots et des articles. Il était fasciné par les gens qui parlaient bien. Aujourd'hui, il est devenu journaliste et directeur d'une radio. Si les gens vous disent que vous avez un talent dans un domaine, c'est que vous l'avez. On ne voit que ce qui existe. Pourquoi dans nos différents groupes d'amis, familles et autres on nous confie toujours la même tâche ? Souvent, c'est garder de l'argent, organiser, cuisiner et autres. Il y a aussi les applaudissements et les félicitations. Qu'est-ce que vous faites que les autres applaudissent et félicitent ? Les autres savent reconnaitre les domaines dans lesquels nous excellons.

3. Qu'est-ce que vous pouvez apporter dans la vie des autres ? Je ne parle pas de ce que vous pouvez vendre aux autres. Qu'est-ce qui manque au monde d'aujourd'hui ? Moi j'ai trouvé qu'il y avait des choses que certaines personnes plus âgées que moi ne connaissent pas. Je ne prétends pas tout connaitre. Mais, je veux que ce qui m'aide dans la vie aide aussi les autres. Nous vivons dans un monde avec trop de désespoir ; c'est pour cela que j'ai créé Vision Biosphère : voir la vie dans toutes ses possibilités.

4. **Imaginer que l'on vous donne tout ce dont vous avez besoin**. Vous avez sur votre compte de l'argent qui vous permettra de vous payer un logement à votre gout, faire du shopping, avoir des vacances dignes de ce nom, faire des études qui vous plaisent et tout ce que vous voulez. Si vous avez tout ça, cela veut dire que vous n'avez plus besoin de travailler. Que choisiriez-vous de faire ? Qu'est-ce que vous pouvez faire pour les autres sans être payé ? Brian Tracy ajoute les questions suivantes : « Qu'aimeriez-vous vraiment faire ? Quel métier et quelle vie choisiriez-vous de faire ? » Elles vous permettront de trouver votre mission et les talents nécessaires pour la réaliser.

5. **Le jour de sa mort** : Que ceci ne vous fasse pas peur. La mort paraît toujours soudaine. Mais, elle plane toujours sur notre existence. C'est le chemin de tous les hommes. Imaginez que vous êtes décédé, et que cinq personnes doivent témoigner de ce que vous avez été : votre femme ou mari, vos enfants, un de vos camarades de classe et un de vos collaborateurs. Que voulez-vous qu'ils disent de votre vie ? Cela vous permettra aussi de trouver votre mission et les talents nécessaires pour la réaliser.

6. **Les circonstances de la vie** : La crise covid a été un virage important pour beaucoup de vie. La période de confinement a été révélatrice de beaucoup de talents comme la pâtisserie, informatique et autres.

Avec votre talent, vous trouvez votre vraie place dans la société sans vouloir prendre la place de quelqu'un d'autre.

Le test d'évaluation des points forts

Les **POINTS FORTS** (la capacité de fournir d'excellentes performances pérennes dans une tâche spécifique) sont les produits du **TALENT** (une façon naturelle de penser, de ressentir ou de se comporter, selon l'entreprise Galup) croisé à **l'INVESTISSEMENT** (le temps consacré à pratiquer, à développer des compétences et à construire une base de connaissances).

C'est un test inventé par Don Clifton. Depuis 2017, ce test s'appelle le CliftonStrengths en hommage à son inventeur qui est le père de la psychologie fondée sur les points forts. Ce test est basé sur les points forts résultants de l'utilisation des talents chaque jour.

Selon Tom Rath, ce test n'interroge pas votre savoir. Il ne vous pose aucune question sur votre formation, vos diplômes ou votre curriculum vitæ (CV). Il ne vous interroge pas sur vos compétences. Il ne s'agit pas de savoir si vous êtes capable de conduire une voiture, d'utiliser un logiciel spécifique ou de vendre un produit donné.

Il est constitué de trente-quatre thèmes pour créer un langage commun ou une classification des talents. Ces thèmes sont regroupés en quatre grands thèmes à savoir :

- Exécution : les points forts pour faire bouger les choses.
- Influence : Les points forts pour faire passer ses idées, prendre la parole en public et s'assurer que vos avis sont pris en considération.
- Développement des relations : Les points forts pour établir les relations solides qui maintiennent une équipe soudée.
- Réflexion stratégique : Les points forts pour absorber et analyser les informations qui aident à prendre les meilleures décisions.

Il n'est pas exhaustif. L'objectif du test n'est pas de flatter notre ego par l'énumération de points forts, mais simplement d'identifier les domaines où nous avons le potentiel le plus important. Il nous arrive de passer davantage de temps sur nos défauts et nos insuffisances que sur nos forces et qualités. À la question de savoir pourquoi tout le monde ne mène-t-il pas une vie fondée sur ses points forts, la réponse est : parce que nous nous ne sommes pas conscients de nos propres points forts ou ceux de notre entourage ; ou bien nous sommes incapables de les décrire. Michel Druker a dit : « La plupart des gens croient savoir qu'ils sont doués. En général, ils se trompent. Et pourtant, on ne peut réussir qu'à partir de ses points forts. » Nous passons plus de temps sur nos insuffisances et nos défauts que sur nos qualités et nos forces.

Ikigai

D'après Ken Mogi, Ikigai est le mot japonais pour décrire les plaisirs et la signification de la vie. Le mot se compose littéralement de iki (vivre) et de gai (raison). C'est aussi d'une certaine façon, un baromètre qui reflète la façon dont une personne voit la vie, d'une manière intégrée et représentative. C'est ce qui vous donne une motivation continuelle pour vivre votre vie, ou en d'autres termes, un appétit de vivre qui nous rend impatients d'accueillir chaque journée. Le résultat, la passion (amour), l'utilité pour les autres.

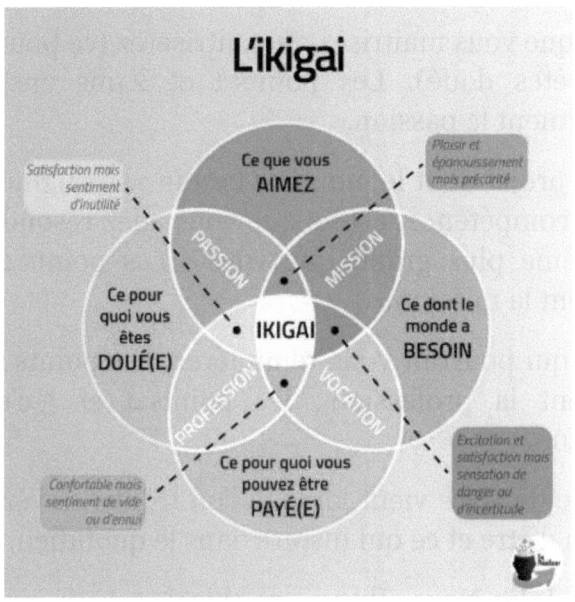

Source[2] : Ikigai en image

---

[2] https://se-realiser.com/ikigai/

IKIGAI : Raison de vivre en japonais. L'Ikigai répond à quatre elements selon ce modèle :

1. Ce que vous aimez ou aimerez : des activités qui vous donnent de l'énergie quoi qu'il en coûte.

2. Ce que vous maitrisez ou maitriserez (ce pour quoi vous êtes doué). Les points 1 et 2 mis ensemble constituent la passion.

3. Un projet dont le monde a besoin : en augmentant votre compétence, est-ce que vous allez résoudre un problème plus grand que vous ? Les points 1 et 3 forment la mission.

4. Ce qui pourrait vous rémunérer. Les points 2 et 4 forment la profession ; les points 4 et 3 c'est la vocation.

La joie de vivre vient lorsque l'on trouve sa véritable raison d'être et ce qui inspire dans le quotidien.

Selon Julie Nova, Ikigai, ou Ikigaï, est un outil qui permet de faire le point sur la vie professionnelle, mais aussi de trouver de nouvelles pistes et voies professionnelles. Trouver son ikigai, c'est trouver un meilleur équilibre dans votre vie professionnelle. Si vous n'avez pas autant de motivation et de plaisir qu'avant à vous lever le matin, la méthode Ikigai peut alors vous aider à analyser la situation et trouver des solutions pour plus d'épanouissement professionnel.

Les intelligences

Si vous êtes un bon orateur, vous n'êtes pas plus intelligent que ceux qui ne les sont pas. À ce propos, Albert Einstein a dit : « Demandez à un poisson de grimper sur un arbre et il se considérera comme un crétin toute sa vie ». Chacun est intelligent. D'ailleurs, selon Howard Gardner, il y a huit sortes d'intelligences[3] :

1. L'intelligence verbo-linguistique consiste à utiliser le langage pour comprendre les autres et pour exprimer ce que l'on pense. C'est l'intelligence des sonorités. Métiers : politicien, conférencier, avocat, poète, écrivain, mais aussi les personnes qui ont à lire et à parler dans leur domaine respectif pour résoudre des problèmes, créer et comprendre.

---

[3] https://www.intelligences-multiples.org/intelligences-multiples2/les-8-types-dintelligences/

2. L'intelligence logico-mathématique : c'est la capacité de logique, d'analyse, d'observation ainsi que celle de résoudre des problèmes. Ce type d'intelligence permet l'analyse des causes et conséquences d'un fait, l'émission d'hypothèses, la compréhension de phénomènes complexes, la manipulation des chiffres et l'exécution des opérations mathématiques. Métiers : scientifique, informaticien, médecin, mathématicien.

3. L'intelligence intrapersonnelle : C'est l'aptitude à faire de l'introspection, c'est-à-dire à revenir à l'intérieur de soi, à identifier ses sentiments, à analyser ses pensées, ses comportements et ses émotions. Cette forme d'intelligence permet de se comprendre soi-même, de voir ce qu'on est capable de faire, de constater ses limites et ses forces, d'identifier ses désirs, ses rêves et de comprendre ses réactions. C'est aussi la capacité d'aller chercher de l'aide en cas de besoin. Concernant les métiers potentiels : acteur, animateur, artiste, athlète, bibliothécaire, comédien,

conducteur de camion, cuisinier, danseur, écrivain, graphiste, prêtre, informaticien, jardinier, médiateur, musicien, philosophe, photographe, poète, psychologue, scientifique, traducteur, profiler...

4. L'intelligence interpersonnelle ou sociale permet à l'individu d'agir et de réagir avec les autres de façon correcte. Elle l'amène à constater les différences de caractère, de nature, de motifs d'action entre les individus. Elle permet l'empathie, la coopération, la tolérance. Elle donne la possibilité de détecter les intentions de quelqu'un sans qu'elles soient ouvertement avouées. Cette forme d'intelligence permet de résoudre des problèmes liés aux relations avec les autres ; elle permet de comprendre et de générer des solutions valables pour aider les autres. Métiers : organisateur.

5. L'intelligence visuo-spatiale permet à l'individu de se faire une représentation spatiale du monde dans son esprit. Elle donne

la possibilité de créer des œuvres d'art et artisanales, d'agencer harmonieusement des vêtements, des meubles, des objets, de penser en images. Métiers : géographe, peintre, dessinateur de mode, architecte, photographe, styliste, caméraman.

6. L'intelligence kinesthésique est la capacité d'utiliser son corps ou une partie de son corps pour communiquer ou s'exprimer dans la vie quotidienne ou dans un contexte artistique, pour réaliser des tâches faisant appel à la motricité fine, pour apprendre en manipulant des objets, pour faire des exercices physiques ou pratiquer des sports. Métiers : athlète, menuisier, chirurgien, comédien.

7. L'intelligence musicale est la capacité de penser en rythme et en mélodie, de reconnaître des modèles musicaux, de les mémoriser, de les interpréter, d'en créer, d'être sensible à la musicalité des mots et des phrases. Métiers : danseur, chanteur, chorégraphe, vendeur d'instruments de musique...

8. L'intelligence naturaliste permet à l'individu de classifier, de discriminer, de reconnaître et d'utiliser ses connaissances sur l'environnement naturel, sur les animaux, sur les végétaux ou sur les minéraux. Souvent, les personnes chez lesquelles cette forme d'intelligence est bien développée aiment posséder un cahier de notes d'observations ou garder leurs observations en mémoire ; elles aiment prendre soin d'animaux, cultiver un jardin et sont en faveur de l'établissement de parcs dans leur ville. Métiers : biologiste, botaniste, écologiste, océanographe, zoologiste, explorateur, chasseur, pêcheur, chef cuisinier.

Il n'y a pas une personne qui a toutes les sortes d'intelligences. Nous développons tout aux plus quatre sortes d'intelligences. Elles constituent nos intelligences dominantes, selon Howard Gardner. L'identification de ses intelligences permet de découvrir ses talents. Il est important de s'appuyer sur les intelligences que l'on trouve dominantes et les plus appliqués. Cette présentation de différentes sortes d'intelligence nous permet de prendre conscience qu'une personne n'est plus ou moins intelligente qu'une autre. Nous sommes tous différents et complémentaires. Chacun de nous a ses capacités. Ce qui est une invitation à rester humble.

Comment créer l'environnement de son talent

Imaginez que vous arrivez à la piscine, vous trouvez un monsieur joyeux, canne à la main, avec hameçon dans l'eau, qui vous dit qu'il est en train d'attendre pour pêcher quelques poissons avant de retourner chez lui. Il peut rester pendant plusieurs années sans percevoir même l'ombre d'un poisson.

Zamenga a dit que trois choses font le dynamisme d'un homme : le don ou l'hérédité, dix pour cent ; son environnement, trente pour cent et l'effort personnel soixante pour cent. Avant de créer un environnement, il faut reconnaitre son talent ou ses talents si on en a plusieurs. Le talent est fragile sans un environnement propice à son développement. Il ne peut pas être opérationnel. C'est ainsi que nous disons que le talent ne suffit pas. Il y a des éléments qui doivent l'accompagner. Pour que ces éléments fonctionnent, il faut un environnement créé pour la cause. Ce n'est pas un environnement autre que nous vivons, mais c'est un environnement que celui qui sait posséder le talent crée. Il faut d'abord savoir que le talent a une influence sur la gestion de votre temps, votre argent et vos relations.

L'environnement dont on parle est celui qui permet la manifestation de vos talents. C'est aussi créer les conditions d'exercices de vos talents. Regardez votre vie comme un investissement. Dans cet investissement le talent a une place non négligeable. Le talent devra être considéré comme une graine (semence). Pour qu'une graine puisse croitre, elle exige un environnement propice pour sa croissance. Vous pouvez avoir n'importe quel talent si l'environnement n'est pas propice, il ne va pas s'épanouir.

Lorsque vous créez un environnement pour rendre visibles vos talents. C'est pour atteindre l'objectif qui est que votre talent soit reconnu par les autres. Lorsque je parle de l'environnement, ce n'est pas seulement le lieu où vous vivez, c'est aussi tout ce qui vous entoure. Créez un environnement dans lequel votre talent va s'épanouir. Chacun a le devoir de s'approprier ses talents. « Il faut créer un milieu qui stimule la nouveauté en matière de réflexion, de perception et de questionnement. », a dit Maya Angelou. Cet environnement est d'abord personnel et humain, ensuite matériel et enfin géographique.

L'environnement personnel et humain

Dans la vie, il est essentiel de savoir pourquoi vous vivez. Aujourd'hui, beaucoup ne savent pas pourquoi ils vivent. Le plus grand drame dans la vie n'est pas de mourir, mais de vivre sans but. Si le but d'une chose n'est pas connu, son abus est inévitable. À chaque corps correspondent un rêve, une mission et un but. C'est pourquoi il y a des gens qui vivent sans être utiles. Si vous avez un téléphone qui ne fonctionne pas, ce téléphone existe, mais n'est pas utile. La vie n'a pas de définition, mais elle est décrite par ses manifestations.

Il est essentiel après avoir reconnu son talent au niveau personnel de créer un environnement pour l'usage de votre talent. Parce que les gens peuvent mal vous connaitre. Selon John C Maxwell, il y a dans chaque individu les six personnes suivantes :

- Celui que vous êtes présumé être ;
- Celui qu'on s'attend à ce que vous soyez ;
- Ce que vous étiez ;
- Ce que vous voulez être ;
- Ce que vous pensez être et
- Ce que vous êtes véritablement.

Vous êtes le seul à savoir ce que vous êtes véritablement. Créer son environnement personnel c'est utiliser l'ensemble des éléments que vous faites pour préserver et utiliser vos talents. C'est d'abord au niveau mental, et s'étend jusqu'aux décisions et choix que vous faites. Il englobe aussi l'ensemble des disciplines et comportements face à l'exercice de votre talent. Que dites-vous que vous êtes ? C'est d'ici que tout commence. Abraham Maslow a dit que l'homme a cinq besoins fondamentaux (physiologique, sécurité, appartenance, estime de soi et réalisation de soi). Mais Myles Monroe a dit que le plus grand besoin de l'homme c'est de connaitre ce qu'il est. Lorsque vous êtes seul, qui dites-vous en silence que vous êtes ? Ce que vous êtes se démontre par ce que vous faites. Malheureusement, beaucoup ont des rêves, des visions et des passions empruntés, tellement qu'ils ne croient pas en eux même. Ce que vous êtes parle plus fort que ce que vous dites. Sans orgueil, qui êtes-vous ?

Qu'est-ce que vous faites dans votre « vie privée » ? Ce que vous faites en privé détermine ce que vous serez en public, sauf pour les hypocrites. On oublie que ce à quoi on accorde plus de temps, c'est ce que l'on devient. Beaucoup sont de ceux qui s'étonnent des salaires des footballeurs et les cachets des musiciens.

On ne paye pas la prestation du jour, mais on paye le temps de préparation jusqu'au jour de la prestation. Ceux qui ont du talent n'ont pas d'horaires précis, ils peuvent y passer des heures et des heures parce qu'ils sont passionnés. En plus, pour réussir dans la vie, nous ne sommes pas obligés d'avoir des horaires classiques, de 9 h à 17 h par exemple. Il faut prendre du temps au travail. On ne fait que ce qu'on croit. Vous êtes ce que vous croyez être et faire. Ce que l'on croit c'est ce que l'on fait.

Il y a deux types de temps : le temps privé et le temps public. Le premier, c'est le moment où vous préparez ce qui arrivera dans le temps public. Le deuxième c'est celui où tout le monde vous connait. Le temps n'épargne pas ce que vous faites sans lui. Beaucoup n'aiment que la visibilité et les apparences. Mon père dit souvent que l'apparence est trompeuse, mais il y a des signes qui ne trompent pas. Une graine ne peut pas devenir un grand arbre si elle n'a pas été semée. La graine accepte une période obscure avant de bénéficier du soleil. Pourquoi nous les humains n'acceptons pas de nous préparer ? S'il n'y avait pas de montagne, il n'y aurait pas de vallée ; donc si les vallées existent, c'est parce que les montagnes existent. Acceptez votre coulisse. Les dons, les talents et les capacités que vous avez ressemblent à de l'or. Il faut que cela passe par un traitement pour que les impuretés soient ôtées, pour que sa vraie valeur puisse apparaitre.

Ce n'est pas parce que vous avez du talent que vous devez manquer de discipline. C'est la discipline qui va maintenir vos performances. J'ai connu dans mon quartier un footballeur amateur qui s'entrainait chaque matin et soir que ça soit la saison ou pas. Il ne mangeait pas n'importe comment et n'importe quoi. La question est de savoir ce que vous faites au niveau personnel pour améliorer et mieux utiliser votre talent.

Un talent éclot dans un environnement humain bien déterminé. Toute personne est le produit de son environnement humain. Vous n'arriverez pas à tout faire seul. Le talent doit être utile dans la société. Quel que soit votre talent, vous avez besoin des autres. Vous ne pouvez pas vivre en vase clos. Vous pouvez reconnaitre votre talent, mais il doit être d'utilité sociale. Sans quoi ce n'est pas un talent. Les autres vous aident à améliorer et à bénéficier de vos talents. C'est ainsi que les footballeurs ont des agents et des entraineurs, les musiciens ont des managers. Il existe aujourd'hui des accélérateurs de compétences : coach de vie et préparateur mental. Parce que seul, vous ne vous suffisez pas. Le fait d'avoir du talent ne doit pas faire de vous un antisocial, mais au contraire un être sociable, parce que votre avenir dépend des autres. Il vous faut créer un environnement humain qui vous fait avancer. Aujourd'hui, la distance n'est pas une limite, même à distance vous pouvez le créer. Vous devez aller vers les gens qui peuvent vous aider à avancer au mieux. Il faut d'abord les identifier.

Si un jour, il vous vient la pensée de dire que ce n'est que par vos propres efforts que vous êtes devenu ce que vous êtes, c'est que votre chute est proche. Parce que souvent, lorsqu'il nous arrive d'émerger, la notoriété et le talent peuvent devenir un piège. Si vous commencez à ignorer l'environnement de l'éclosion de votre talent, c'est que votre déclin est proche. Ce n'est pas parce que vous êtes devenu champion du monde que vous devez ignorer votre coach. La roue a été déjà inventée. Nous n'allons plus la réinventer. L'orgueil vient de l'inconscience et de l'ignorance. Tout le monde est remplaçable, mais il y a des gens qui sont difficiles à remplacer. Certaines de vos réussites ne viennent pas de vous, mais de votre environnement humain. Tout ne dépend pas de vous. Vous n'êtes pas le centre de la Terre. Ne pensez pas que vous êtes auteur de tout ce qui vous arrive.

D'ailleurs, quatre-vingts pour cent de ce qui se passe dans votre corps ne dépend pas de vous. Par exemple : Qu'est-ce qui fait pousser votre barbe ?

Souvent, la célébrité vient nous faire croire que c'est de notre fait ; or nous ne sommes que la partie visible de l'iceberg. Nous devons maintenir l'environnement qui nous a amenés à la réussite. L'honneur que vous accordent les autres est comme un parfum. C'est à usage externe. Lorsque vous l'intériorisez, cela devient de l'orgueil. Or, l'orgueil précède la chute. La compagnie que vous avez va soit vous façonner, soit vous briser. Si vous marchez avec le sage, vous deviendrez sage, mais si vous fréquentez les insensés, vous vous préparez à la destruction. Peu importe votre talent, dès que vous commencez à marcher avec une mauvaise personne, vous menez une mauvaise et misérable vie. Les mauvaises compagnies corrompent les bonnes mœurs. Pour approfondir sur l'environnement humain je vous conseille vivement le livre intitulé : *Comment réussir avec les autres (les relations humaines comme une arithmétique)*. Dans toutes relations humaines, les quatre opérations de l'arithmétique interviennent. Il y a la soustraction de la solitude, une addition de vos différences, une division de vos responsabilités et une multiplication de vos capacités. Aucun humain ne peut vivre en solitaire.

Comment réussir avec les autres est une réflexion sur

les relations humaines, qui utilise l'image de quatre opérations de l'arithmétique pour donner une compréhension globale de l'apport des relations humaines dans notre vie de tous les jours. Pour rendre public votre talent, n'attendez pas toujours la bénédiction de quelqu'un. Lorsque vous avez du talent, vous aurez certainement des compliments. Il ne faut pas laisser les compliments vous distraire et vous rendre suffisant. Lorsque vous avez des compliments, c'est comme un parfum. C'est à usage externe. Si ça vous monte dans la tête, c'est de l'orgueil. Les critiques négatives peuvent aussi vous nuire et vous poussez à abandonner. Si vous êtes convaincu d'être sur la bonne voie, persévérez.

Est-ce que votre entreprise, groupe ou association permet que votre talent puisse se manifester ? Si c'est non, vous pouvez le transformer ou le quitter. Ici, j'aimerais nuancer. Il faut dire qu'il existe des entreprises par lesquelles vous passez pour apprendre. Ce n'est pas parce que l'on vous dit que vous chantez bien dans votre famille que vous devez directement créer votre groupe musical. Vous devez chercher un groupe pour vous perfectionner. Demandez à ceux qui ont participé à des concours de chant. Ils se rendent compte qu'ils ont beaucoup appris grâce au coach qu'ils ont choisi. Aussi, dans la vie, il faut se rapprocher de ceux qui font mieux que vous. Elizabeth Gilbert a dit : « L'important n'est pas ce que l'on connait, mais qui l'on connait. Le talent ne signifie rien et ce sont les relations qui font tout. » Votre talent ne fera pas l'unanimité. Vous devez vous assumer, c'est ça qui vous rend unique. Ne laissez personne vous faire changer d'avis. N'ayez pas honte de vous. Arrêtez de vous culpabiliser, faites ce que vous aimez. Ne prenez pas tout à la lettre le découragement et ne laissez pas les autres vous mettre la pression.

L'environnement matériel

Une fois que vous reconnaissez vos talents, que vous mettez en place votre environnement personnel et humain, il vous faut créer un environnement matériel. La plupart des musiciens ont commencé avec des instruments comme jouet de leur enfance ou des instruments de circonstance, jusqu'à avoir du matériel professionnel. Vous devez vous donner les moyens d'avoir du matériel pour entretenir et améliorer vos talents. Aujourd'hui, à partir d'un smartphone vous pouvez déjà commencer. En tant que chanteur, vous pouvez déjà enregistrer vos inspirations. Avec un smartphone, vous pouvez enregistrer vos vidéos et les publier. Aujourd'hui, le téléphone est équivalent à un studio multimédia.

Que dites-vous de vous-même ? Si vous dites que vous êtes :

- Conférencier : commencez à préparer vos conférences.
- Écrivain : ne négligez pas les idées. Les idées sont partout, ceux qui les canalisent réussissent. Il faut commencer à écrire. Natalie Goldberg a dit : « Si tu veux devenir un bon écrivain, il faut faire trois choses : beaucoup lire, écouter en profondeur, et beaucoup écrire. » Pour écrire, il faut lire les autres écrivains.
- Musicien et chanteur : faites vos répétitions.

La liste n'est pas exhaustive pour tous les domaines. C'est simple, demandez-vous simplement ce qu'il faut. J'ai vu à la télé que dans certains pays, beaucoup possèdent des studios, bureaux laboratoires privés... Créez votre propre laboratoire lié à votre domaine. Que faites-vous en ce moment ? Vous me direz : « Je suis en train de lire. » Après la lecture si vous pouvez, commencez à créer votre environnement matériel. C'est l'un des objectifs que poursuit ce document.

Avant, il fallait attendre un producteur de musique pour produire un son, un éditeur pour publier un livre, une radio pour faire passer votre émission ; aujourd'hui, ce n'est plus cas. Les choses sont plus faciles qu'avant, donc n'attendez pas. Lorsque je voulais publier mon premier livre intitulé : *Comment réussir avec les autres*, j'ai contacté divers éditeurs. J'ai eu une seule réponse positive, mais il voulait publier pour voir s'il y aurait de lecteurs avant de signer un contrat d'édition. J'ai découvert l'autoédition et je me suis lancé.

Aujourd'hui, nous n'avons pas de raison pour éviter de créer un environnement matériel, il y a aujourd'hui des sites internet et des magasins physiques qui vendent du matériel à moindre coût. N'attendez pas, commencez petit en gardant votre objectif et rêvez grand. Ne craignez pas de commencer petit, parce qu'en commençant petit avec l'évolution vous allez tirer des leçons et ça vous permettra de connaitre en détail votre secteur d'activité. Aujourd'hui, je connais des artistes qui ont produit des albums à partir de chez eux. YouTube et les autres réseaux sociaux peuvent rendre publics vos talents. Il y a des gens qui ont commencé par les réseaux sociaux avant de passer à la télévision. Dans l'environnement matériel, il y a la formation de celui qui a du talent.

L'environnement géographique

Le talent est utile dans une entité géographique spécifique et il y a aussi ceux qui sont planétaires. Nous vivons quelques fois dans des difficultés parce que nous ne sommes pas au lieu où on n'a pas besoin de nous. C'est la ville, le pays le quartier où vous évoluez. La question est de savoir si cet environnement est propice à la réalisation de vos talents. Il y a des endroits qui paraissent hostiles, mais il faut leur proposer ce que vous savez faire. Si on vous accepte, vous devenez précurseur. Mais il y a des environnements ou l'hostilité demeure. Le milieu dans lequel vous êtes-vous offre deux choix : le transformer ou le quitter.

Le lieu sur lequel vous vous trouvez détermine ce qui suit :

- Votre mission, fonction, en bref, le but pour lequel vous êtes en ce lieu ;
- Ce que vous recevez ;
- Le résultat et
- La précision et l'utilisation de votre temps.

Vous devez faire le mouvement d'aller vers le destinataire de vos talents. Il y a les éléments suivants qui peuvent nous empêcher faire le mouvement :
- Le fait d'être un inconnu : nombreux, aujourd'hui, ne peuvent pas faire le mouvement, parce qu'ils se posent des questions ; qui me connait ? Tous ceux qui sont connus aujourd'hui viennent du néant, de quelque part, de l'inconnu. Ils ne se sont pas fait connaitre de force, mais ils ont seulement posé un acte et à chaque acte correspond un auteur. Si vous pouvez, essayer de citer un nom populaire, vous comprendrez que c'est à cause de ce qu'il a fait. On se souvient d'un homme, du problème qu'il a causé, ou d'une solution apportée.
- La connaissance du destinataire : il n'est pas mauvais d'avoir l'information sur là où on va, la personne, ou la communauté vers qui vous voulez poser des actes. Au contraire, ceci nous permet de nous préparer en connaissance des causes. Nous devons ôter les préjugées.
- Les autres : notre entourage peut nous empêcher de faire le mouvement par leur dire. La vallée n'est qu'un chemin. La plus grande délivrance c'est celle des opinions des autres. Celui qui a de l'expérience a de l'ascendance sur les opinions. Vivre en pensant à ce que les

autres diront. On vit la vie des autres et non sa propre vie.

Ce que vous faites s'attachera à votre nom. Votre présentation peut vous ouvrir la porte vers votre cible. Tout commence là où vous êtes. Vos talents peuvent devenir trop grands pour l'environnement géographique dans lequel vous vous trouvez. Il vous faut sortir de votre environnement géographique de départ. C'est comme si vous plantiez un manguier dans un pot, une fois que la plantule où la pousse prend racine, la croissance est limitée. Il lui faudra plus d'espace pour se transformer en un grand manguier. Votre talent a besoin d'espace pour s'étendre.

Vous devez connaitre le contour de votre talent. Si vous voulez devenir écrivain, il faut d'abord être un bon lecteur et avoir des modèles. C'est aussi ça l'environnement géographique de votre talent. Pour devenir un bon orateur, il faut être un bon auditeur en écoutant ceux qui vous ont précédé dans le domaine de votre talent. Ce qu'il faut retenir : il faut connaitre les méandres du métier ; un lion ne peut pas se hasarder à attaquer un crocodile dans une mare, c'est mettre sa vie en danger. Votre environnement garantit aussi votre sécurité.

La gestion des idées

Tout commence par une idée. C'est un grand atout pour l'homme. Sans les idées, il n'y a pas de créativité. Vous devez accorder de l'importance aux idées. Les idées sont comme le soleil, pour nous tous il indique qu'il fait jour, mais pour certains c'est une source d'énergie. Pour bien gérer vos idées, vous devez :

- Recueillir les idées : ce livre était une idée que j'ai mise en œuvre. Les paroliers ont l'habitude de recueillir les idées ou leurs inspirations en les enregistrant par un dictaphone. Vous pouvez écrire vos idées dans un cahier, aujourd'hui il existe plusieurs applications dans le smartphone. Cette pratique vous évitera de les perdre et vous permettra de vous inspirer de nouveau. La mémoire étant la béquille de l'intelligence, après enregistrement vous serez capable de mettre un lien entre les idées. C'est sur la base de cette dernière que vous allez commencer à travailler. Ce que vous

écrivez vous avez la capacité de l'exprimer et de le mettre en pratique[4].
- Tester vos idées : parmi vos idées, il y aura celles qui fonctionneront. Moi je teste toujours mes idées de livres en échangeant avec les autres. S'il y a des échecs. Il faut seulement les améliorer et les restructurer. John C Maxwell a dit que toute idée féconde repose sur d'autres idées l'ayant précédée et entourée. L'humanité progresse en prenant des idées existantes auxquelles elle fait des ajouts.

On peut manquer d'argent, mais pas d'idées. Le monde n'est pas seulement habité par des animaux et des plantes, mais il est aussi habité par des idées. Elles n'ont pas de formes matérielles. Elles ne sont rendues matérielles que par les humains. C'est par la réflexion et l'action humaine qu'une idée quitte l'intangible pour devenir réelle. Les idées sont autour de nous à la recherche d'un humain. Les idées sont partout, il faut seulement les capter avant de les rendre matérielles.

---

[4] Vous trouverez sur notre chaine YouTube Vision Biosphère une vidéo intitulée : *Comment valoriser vos idées*.
https://www.youtube.com/watch?v=ljzmwqsd4sY&ab_channel=VisionBiosph%C3%A8re

Le talent ne suffit jamais

Le talent ne doit pas rester une théorie, il faut le pratiquer lors de la découverte. Thierry Dubois a dit : « Il faut mettre le talent au cœur de notre activité. » Le talent seul ne suffit pas. Souvent dans la vie, on attribue au talent seuls les exploits, les records, la célébrité. Si seul le talent seul suffit, pourquoi d'autres personnes qui ont du talent n'arrivent pas à émerger dans la vie ?

Je suis moi-même écrivain. Je croyais que le talent était suffisant, jusqu'à ce que je découvre le livre de John C Maxwell : *Le talent ne suffit jamais*. Notre intention n'est pas de minimiser le talent, mais nous voulons seulement sensibiliser sur le fait que le talent n'est pas suffisant. Je vais vous partager quelques éléments qui ont retenu mon attention tirer de son livre.

La passion

Le Larousse le définit comme un très vif mouvement qui pousse quelqu'un vers ce qu'il désire de toutes ses forces, vers ce qu'il aime avec intensité, en aveugle, la souffrance, douleur, compassion. C'est comme l'essence d'une voiture. La vision produit la passion comme l'a dit MAX WEBER : rien n'a de valeur pour l'homme en tant qu'un homme, qu'il ne peut faire avec passion. Chacun de nous est venu sur la terre avec son talent. L'une des manières de découvrir le don c'est de connaître et reconnaître le domaine de votre passion. Elle se manifeste par le fait de faire quelque chose pendant toute la journée et trouver satisfaction. Vous savez que vous avez découvert votre passion, lorsque vous ne comptez pas les heures en la faisant. C'est cette chose qui vous garde éveillé toute la nuit. Vous prenez du plaisir à le faire, vous êtes heureux de vivre pour cette activité. Le talent peut être identifié par la passion. La passion n'est pas seulement pour quelque chose de bien, ou qui vous donne de la joie ; elle peut aussi être pour quelque chose qui vous irrite ou vous rend triste, pour laquelle vous êtes prêt à tout pour la changer. Comment découvrir sa passion ? C'est par ce qui crée en toi des émotions fortes. Ce n'est jamais neutre. Elle se voit dans les yeux. Lorsque vous avez une passion, vous n'avez pas le temps pour la négativité. La passion permet d'avoir les ressources nécessaires. La plupart du temps, nous n'avons pas de ressources, parce que nous n'avons pas de passion. Elle dynamise le talent.

La passion est le premier pas vers le succès : aimez ce que vous faites, c'est la clé qui vous ouvre la porte de grandes réalisations. Si vous n'aimez pas ce que vous faites, cela se voit vraiment, quels que soient les efforts que vous déploierez à soutenir le contraire.

La passion affermit la volonté : elle est le carburant de la volonté. On ne fait pas quelque chose sous une force extérieure, mais intérieure.

La passion produit de l'énergie : c'est d'elle que l'on tire l'énergie pour agir.

La passion est le fondement de l'excellence : c'est elle qui fait de la côte moyenne à excellent. Lorsqu'on trouve la passion, cela dynamise le talent jusqu'à l'excellence.

La passion est contagieuse : Eleanor Doan a dit : « On ne peut allumer le feu dans le cœur d'une autre personne s'il ne brule déjà en soi. » Le talent est la clé du succès.

Il faut établir vos priorités en fonction de votre passion. Il vous faut protéger votre passion. Il y a deux catégories de gens autour de vous : les allumeurs qui se montreront prêts à faire l'impossible pour vous aider à entretenir votre flamme ; et les éteignoirs qui jetteront de l'eau glacée sur le feu de la passion qui vous habite. Il faut poursuivre ce qui vous passionne en investissant tout ce que vous avez. La passion avec la difficulté diminue, mais ce n'est qu'avec la lucidité que vous pouvez continuer.

La confiance

La confiance rehausse votre talent. Votre potentiel est un reflet, une représentation de ce que vous pouvez devenir. La confiance vous aidera à en cerner les contours et à rendre cette image concrète. La confiance vous permet de croire en vous. Elle est la base du déploiement de votre talent.

Croyez en vous-même : lorsqu'il s'agit de croire en soi-même, certaines personnes se révèlent agnostiques. William James a dit : « Il n'y a qu'une seule cause à la faillite humaine : c'est le manque de confiance en son véritable soi. » C'est seulement la confiance en vous-même qui vous permettra d'atteindre votre plein potentiel.

Croyez en votre potentiel : Très souvent, nous regardons ce qui est et non ce qui pourrait être. Ce que nous sommes capables d'apporter comme solutions aux problèmes de ce monde. Croire en votre potentiel, c'est saisir les occasions de l'actualiser.

Croire en ce que vous faites : le fait d'avoir confiance à ce que vous faites-vous donne la force requise pour le faire. Neil Simon donne le conseil suivant : « N'écoutez pas ceux qui vous disent : ce n'est pas ainsi que l'on fait... C'est peut-être vrai, et peut-être réussirez-vous à le faire quand même. » N'écoutez pas aussi ceux qui disent : vous prenez un risque trop grand. Jim Rohn a dit : « La répétition est la mère du talent. »

L'action ou l'esprit d'initiative

L'initiative vous permet de mettre en action votre talent. Combien de chanteurs sous la douche que nous connaissons dans nos familles et amis ? Ils ne se limitent qu'à chanter. Certains attendent que toutes les conditions soient réunies comme on dit en physique dans les conditions normales de température et de pression. Pour avoir échangé avec plusieurs personnes qui ont l'idée d'écrire des livres qui attendent un temps calme pour finir ou écrire calmement, mais ils ne trouvent jamais le temps ; je vous confirmer que vous n'aurez pas ce temps.

Intégrer l'écriture comme l'une de vos occupations et vous verrez les résultats. Il vous faut commencer et continuer pour terminer votre livre. Tout voyage commence par le premier pas. Il ne faut pas attendre que tout soit parfait. Personne ne rendra les conditions parfaites, c'est à vous de créer un environnement propice. Les plus brillants ne sont pas ceux qui attendent que tout soit parfait pour commencer ou aller de l'avant. Ce ne sont pas ceux qui attendent que tous les obstacles et les difficultés disparaissent. Ils prennent les initiatives. Prendre des initiatives c'est faire preuve de courage. Souvent, ce qui manque ce ne sont pas les moyens, c'est juste le courage. N'attendez pas que vos inquiétudes et vos peurs disparaissent. Tout commence par le premier pas.

L'initiative est la première étape de votre réussite : Tout commence le jour vous prenez l'initiative de commencer. « Un bon départ ne suffit pas, mais il suffit d'arriver. », a dit William Mac Donald. Les gens attendent que votre talent se manifeste sans vous le dire. Le jour où vous allez commencer, vous allez vous rendre compte que vous avez perdu du temps pour rien. Il y a un vide dans ce monde que vous allez combler, ne privez pas le monde ce qu'il attend de vous. Les opinions des autres ne comptent pas, tout dépend de vous.

L'initiative est la thérapie contre la peur : vous ne pouvez pas éviter la peur. Aucune cérémonie ne l'enlèvera. Pour la vaincre, vous devez la sentir et vous mettre en action. C'est une arme que nous utilisons pour notre propre destruction. Elle est l'une des grandes causes d'échec dans la société. Dans la parole en public c'est la peur d'échouer, la peur des autres, d'être connu, des critiques et des oppositions. Dans son livre intitulé *Du bonheur, voyage philosophique*, Frédéric Lenoir dit : « La vie nous apprend que nous portons en nous divers freins qui entravent la réalisation de nos aspirations profondes : peurs, doutes, orgueils, envies, ignorances, etc. » Quoi que vous fassiez, il y aura toujours des gens qui parleront en bien ou en mal. Les deux formes de peur les plus redoutables sont :

- La peur du rejet : elle conduit à rechercher constamment la validation des autres ; et
- La peur de l'échec : elle conduit surtout à ne pas prendre des risques.

Chaque fois que vous avez peur, cela signifie qu'il y a quelque chose que vous ne comprenez pas, ou que vous ne voyez pas. La peur provient de l'ignorance. Le développement du courage commence par la compréhension des origines psychologiques de la peur. Tout enfant nouveau éprouve seulement deux peurs : celle de tomber et celle des bruits (assourdissants). Toutes les autres formes de peur que nous éprouvons en tant qu'adultes sont apprises au fur et à mesure que nous grandissons. Ces peurs proviennent des critiques et des avertissements souvent destructeurs de ceux qui nous entourent, même lorsqu'ils étaient remplis de bonnes intentions. Le courage n'est pas l'absence de peur, mais l'audace d'affronter ce que vous craignez. Norman Vincent Peale a dit : « l'action est un agent important dans le recouvrement et le rétablissement de la confiance en soi. » L'action que vous entreprenez réussira peut-être et il faudra peut-être ensuite faire d'autres gestes, procéder à des ajustements. Toutefois, n'importe quelle action c'est mieux que pas d'action du tout. Pour guérir de la peur, il faut passer à l'action. Selon Elizabeth Gilbert : « Tout comme nous savons que lorsque le courage se tarit, la créativité s'éteint avec lui. La peur est un cimetière où nos rêves vont mourir et se dessécher sous un soleil de plomb. »

L'action ou l'esprit d'initiative ouvrent la porte aux possibilités(opportunités) : en créant Vision Biosphère, nous avons choisi comme slogan :

« Voir la vie dans toutes ses possibilités. » Ces possibilités passent par l'action. Les choses deviennent possibles que par les initiatives. Vous voulez que votre livre soit vendu ? La vente n'est possible que si vous le publiez. Il y a des choses que vous ne connaissez pas, vous allez les connaitre que si vous passez à l'action. La vie est difficile, tout le monde le sait, vos difficultés ne s'atténueront que par l'action.

L'initiative permet de rendre palpables et concrètes vos idées : tout devient palpable et concret par les initiatives. Tout le monde a des idées brillantes et de bonnes intentions, mais elles ne se matérialisent pas par manque d'initiative. Michael E Angier a dit : « Les idées ne valent rien, les intentions n'ont aucun pouvoir et les plans sont inutiles à moins de déboucher sur l'action. » Faites-le maintenant.

Sans l'esprit d'initiative, votre talent ne sera qu'un potentiel. La question est de savoir pourquoi les gens ne prennent pas les initiatives. C'est parce qu'ils n'arrivent pas à voir les conséquences de l'inertie. Dans la vie, il faut avoir un esprit d'initiative. La nature même nous enseigne par cette fable de Salomon : « Va vers la fourmi, paresseux ; considère ses voies, et deviens sage. Elle n'a ni chef, ni inspecteur, ni maître ; elle prépare en été sa nourriture, elle amasse pendant la moisson de quoi manger. Paresseux, jusqu'à quand seras-tu couché ? Quand te lèveras-tu de ton sommeil ? Un peu de sommeil, un peu d'assoupissement, un peu croiser les mains pour dormir !... Et la pauvreté te surprendra, comme un rôdeur, et la disette, comme un homme en armes[5]. » Sir Josiah Stamp a dit : « Il est facile d'esquiver ses possibilités, mais on ne peut éviter de faire face aux conséquences de telles esquives. » Les gens manquent d'initiative parce qu'ils attendent que les autres les motivent. Dans la vie, il faut se motiver soi-même. John C Maxwell a dit : « Si vous voulez aller de l'avant, vous devez vous-même allumer votre flamme. » Les gens manquent d'initiative et attendent le moment idéal pour agir. Dans la vie, il n'y aura jamais de moment idéal. Il faut créer son moment idéal. Les gens qui manquent d'initiatives ont une préférence de demain qu'aujourd'hui. Ils sont champions de la procrastination. Jimmy Lyons a dit : « Demain est le jour le plus attrayant de l'année pour les paresseux. » Les gens qui n'ont pas d'initiatives ne voient jamais la fin de leurs difficultés. Johann Wolfgang von Gothe : « Transformer ses idées en actions, c'est la chose plus difficile au monde. »

---

[5] Proverbes 6 : 6-11

L'esprit d'initiative est une preuve de courage. Il peut se produire par les autres et soit même. Il est nécessaire de s'encourager soi-même.

La préparation

Elle positionne favorablement votre talent. Ce n'est pas parce que nous prenons du thé ou du café instantanément que tout le devient. Ce qui est instantané aujourd'hui a été préparé. La préparation est la frontière entre la réussite et l'échec. Beaucoup ne reconnaissent pas la valeur de la préparation avant l'action. La génération spontanée n'existe pas. John C Maxwell a dit : Votre talent vous offre des possibilités, mais n'oubliez jamais qu'il ne vous procure que temporairement. Ceux qui négligent la préparation n'apprécient pas la discipline.

La préparation c'est la répétition pour les musiciens, les essaies pour les cuisiniers. La préparation précède les occasions : lorsque l'occasion rencontre la préparation, il y a le succès. Les grandes occasions sont rares. Elles viennent comme les petites. La préparation est le fondement qui rend visible votre talent. La plupart des gens qui ont de talent négligent l'entrainement et la répétition. C'est elle qui vous rend professionnelle. Un joueur n'est pas payé seulement pour le match qu'il joue. Il est payé pour tout le temps d'entrainement. Il en est de même pour tous les autres métiers. Lorsque vous voyez quelqu'un exceller dans un domaine. C'est aussi la préparation qu'il y a derrière. La préparation amène votre talent dans sa maturité. Parce qu'elle vous améliore. C'est dans la préparation que vous vous rendez compte de vos failles. Vous vous rendez compte si vous êtes prêt ou pas. La préparation est continue parce que tant que ce monde existe tout est perfectible. Elle ne doit pas être considérée comme un évènement. La préparation maintient votre talent. Certains sportifs, qu'ils soient en compétition ou pas, s'entrainent d'une manière régulière. La préparation est la partie cachée de l'iceberg du succès. Si vous voulez être meilleur demain, préparez-vous aujourd'hui. Je me permets de dire que la préparation c'est à vie. Un gagnant se prépare toujours, la préparation est le seul secret pour réussir, car la réussite est l'apanage de ceux qui sont préparés. Bertrand Périer a dit : « Le don n'est rien sans travail ». « Le temps n'épargne pas de ce que l'on fait sans lui ». Cette pensée de Fayolle ne trouve que de meilleure application pour la préparation. La préparation provient de votre vision. Elle est une exigence de la vision. Abraham Lincoln a dit : « Si on me donne huit heures pour abattre un arbre, j'en passerais six à affuter ma hache ». Cette citation montre bien l'importance de la préparation. Une bonne préparation débute toujours par une évaluation de la situation. Dans une vie sans évaluation, il n'y a pas d'évolution. La préparation vous permet de changer. Il vous faut avoir la discipline. On dit que la discipline se définit par : faire ce que n'avez pas vraiment envie de faire pour vous permettre de faire ce que vous avez vraiment envie de faire. Natalie Goldberg a dit : « Ne te préoccupe pas de ton ni tes aptitudes : Ils croitront avec la pratique. » Comme l'a dit Katagiri Roshi : « L'aptitude, c'est comme l'eau de la nappe phréatique sous la surface de la Terre. Elle n'appartient à personne, mais tous peuvent puiser dedans. On y puise avec nos efforts et elle arrive alors jusqu'à nous. » Lorsque vous avez un talent. Il est d'un grand intérêt de chercher à connaitre les règles de l'art. On ne peut pas seulement faire les choses avec la bonne foi. Les règles de l'art sont les bases du métier. Un jour dans un restaurant, j'ai vu comment on apprenait à un élève à couper le pain. C'est ce jour-là, que j'ai compris que chaque métier à ses particularités. L'erreur que j'ai commise est que j'ai publié des livres sans aucune notion du monde de l'écriture.

La persévérance

Elle alimente vos talents. La persévérance n'est pas un évènement, mais un processus continu. Ne laissez personne, ni aucun évènement vous décourager. Ne vous reposez pas sur vos lauriers, la persévérance vous permet de développer vos talents. Il faut chercher toujours à faire mieux. La persévérance nous conduit au succès par la détermination et pas par le destin : Vince Lombardi a dit : « La différence entre ceux qui réussissent et ceux qui échouent ne tient pas à un manque de puissance ou de connaissances, mais plutôt à un manque de détermination. » Sans la persévérance, il n'y a pas de récompense. Il ne faut pas baisser les bras tant que vous n'avez pas votre récompense. C'est le dernier pas de la course qui compte. Thomas Edison a dit : « Bien des vies ratées sont faites de personnes qui n'ont pas réalisé à quel point elles étaient près du but lorsqu'elles ont baissé les bras. » La persévérance ce n'est pas s'arrêter en chemin. Aller jusqu'au bout c'est être jusqu'au-boutiste.

Les ennemis de la persévérance :
- Avoir une mentalité de lâcheur : c'est la persévérance qui multiplie les occasions. C'est

ainsi qu'il est inutile de lâcher. Les lâcheurs ont des excuses en permanence. Les excuses sont des panneaux de signalisation de sortie sur la route des progrès. Ils renvoient tout à demain. Ils vivent dans l'épuisement.

- Penser que la vie est facile : pense que la vie est facile ne nous facilite pas les choses. On ne réussit pas toujours du premier coup. C'est ici que la persévérance prend tout son sens. Il y a des gens qui pensent que la vie est facile, ils pensent que le succès est une destination, ils manquent de flexibilité. Ils manquent de vision. John C. Maxwell a dit : « Demain est le meilleur jour du paresseux. On oublie que ce que nous sommes est le résultat de nos choix. »
- Le manque de flexibilité : aujourd'hui, beaucoup de choses ont changé. Comme autrefois, cela n'aura plus lieu, puisque les temps ont changé. Par exemple, avant pour avoir une boutique, il fallait un local ; aujourd'hui, il suffit d'avoir un ordinateur et une connexion internet.
- Penser que le succès est une destination : le but ce n'est pas le succès, mais il faut bien faire son travail. Le succès n'est qu'une conséquence du travail bien fait.

- Le manque de vision : la vision est l'image mentale de ce que l'on veut entreprendre. C'est voir la fin au commencement. Si vous n'avez pas de vision, vous n'allez pas avoir de la persévérance. John C Maxwell a dit : « Tout ce qui est créé est créé deux fois. Tout d'abord mentalement puis physiquement. »
- Les excuses : pour ne pas œuvrer dans le domaine de leur talent, certains trouvent toujours des excuses. David J Schwartz l'appelle *excusite*. C'est la maladie des ratés. Elle se manifeste sous plusieurs formes, mais les plus aigües sont celle d'*excusites* liées à la santé, l'intelligence, l'âge, les opportunités...

Il y a aussi la focalisation. Elle donne un sens à votre talent. Il faut savoir ce que vous allez faire avec votre talent. Il faut savoir où vous allez.

L'ouverture d'esprit

Elle accroit votre talent. Développer notre ouverture d'esprit est l'une des choses que notre père nous recommandait. Il utilisait d'ailleurs souvent une métaphore autour des études universitaires : « Mon fils, dans le terme "université" il y a le mot "univers", c'est-à-dire les possibilités de vivre. » Il ajoutait : « Le monde est grand, mais les gens s'arrangent pour le voir toujours petit. » Votre talent ne doit pas vous empêcher de vous former dans son domaine ou un autre. Souvent le piège des talentueux est de croire que parce que l'on a du talent, on ne doit pas se former. Dans la vie, il y a ce que nous voulons et ce que la vie nous impose. Si nous n'avons pas ce que nous voulons, alors prenons ce que la vie nous offre. Il faudra mettre en place des stratégies pour avoir ce que l'on veut. Les gens doivent s'ouvrir pour améliorer leur talent. L'esprit d'ouverture, c'est le besoin permanent de découvrir et de grandir ; la volonté d'apprendre, de désapprendre et de réapprendre. Comme le disait le futuriste et sociologue américain Alvin Toffler : « Les analphabètes du XXIe siècle ne seront pas ceux qui ne savent ni lire ni écrire, ce seront ceux qui ne savent pas apprendre, désapprendre et réapprendre. » L'apprentissage est l'affaire de toute une vie. John C Maxwell a dit : « Le pire ennemi de l'apprentissage est la connaissance. » Le but de tout apprentissage est l'action et non la connaissance. Sans ouverture d'esprit, on est orgueilleux. La tradition judaïque veut que lorsqu'un garçon commence ses études, la toute première fois, après qu'il a lu le premier mot dans la Torah, on lui donne une portion de miel ou un bonbon. L'idée est qu'il va toujours associer l'apprentissage à la douceur. Il faudrait que ce soit la même chose lorsque vous apprenez pour exercer vos talents et lorsque vous êtes dans la pratique.

La force de caractère

Elle est une protection pour votre talent. Les gens talentueux et doués sont souvent tentés de prendre des raccourcis, mais c'est l'intégrité qui prévient des dérives. Ils négligent de former leurs caractères. L'intégrité se construit de l'intérieur. La plupart des gens doués se retrouvent souvent au bas de l'échelle parce qu'ils n'ont pas su avoir la force de caractère. C'est ce qui est souvent à la base de plusieurs scandales aujourd'hui dans les réseaux sociaux. John C Maxwell a dit : « Les gens sont comme des icebergs : ils sont bien plus que ce qu'on peut en voir. » Lorsque vous observez un iceberg, vous n'en voyez que quinze pour cent : c'est le talent. Le reste de leur caractère est caché sous la surface de l'eau. Souvent, les gens ont tendance à soigner leur image. Or, il faut soigner le caractère. Il faut dire qu'il n'y a pas d'êtres humains parfaits, mais on est tous perfectibles et en quête de la perfection. Pour avoir de la force de caractère, il est nécessaire d'avoir ces quatre éléments :

1. La discipline personnelle : d'après Platon « La première victoire et la plus importante, c'est la conquête de soi. » La discipline est la capacité à faire le bien, même lorsque vous n'en avez pas envie. Oswald Sanders a écrit : « L'avenir appartient aux personnes disciplinées. » Nos actions et réactions sont les résultats de ce que nous sommes devenus avec le temps. C'est le résultat de la discipline personnelle.
2. Les valeurs : c'est elles qui régissent notre vie de tous les jours. Ce sont nos valeurs qui déterminent ce que nous croyons et comment nous vivons. Henri Frederic Amile souligne : « L'homme qui n'a pas de vie intérieure est esclave de son environnement. »
3. Votre identité : Qui suis-je ? La réponse à cette question est la base de l'autodiscipline et nos valeurs. C'est cette question qui fait que vous reconnaissez vos talents. Elle détermine vos actions. On ne fait que ce que l'on croit être. Emerson a dit : « Ce que vous faites crie aussi fort que ce que vous dites ».
4. L'intégrité : c'est la concordance des valeurs, pensées et sentiments et des actions. Avoir du talent sans travailler son caractère conduit à l'impasse et au déséquilibre.

La force de caractère est un choix. Selon Johann Wolfgang von Goethe, « le talent peut se cultiver dans la quiétude, mais le caractère seulement dans les courants agités de la vie. » Lorsque quelqu'un est faible de caractère, il a tendance à blâmer les circonstances. Il se pose toujours en victime.

Les relations humaines

Elles influencent votre talent. J'ai écrit un livre sur les relations humaines où j'ai dit que dans nos relations : « Il y a une addition de nos différences, une soustraction de la solitude, une division de responsabilité et une multiplication de nos capacités. » Je vous conseille ce livre. Nos relations avec les autres nous forment ou nous brisent, elles nous enrichissent ou nous ruinent, elles nous abattent ou nous valorisent. Les bonnes relations avec les autres vous permettent de bien travailler en équipe. Quel que soit votre talent, vous ne pourrez pas faire cavalier seul. Prenez en exemple un homme ou une femme qui a connu du succès, si vous en faites une analyse vous allez vous en rendre compte. Le travail en équipe décuple vos talents.

Quel que soit votre talent, ne soyez pas de ceux qui attendent que les autres viennent seulement vers vous. La vie c'est comme si vous étiez dans une forêt au milieu de la nuit, il fait froid et vous voyez un groupe qui a allumé du feu pour se réchauffer. Si vous restez dans votre coin vous allez mourir de froid, il faut vous rapprocher du groupe. N'attendez pas toujours la bonne foi des autres même si dans la vie il ne manque pas de bonne personne. Mais la solidarité aussi n'est pas un acquis. Il n'est pas ridicule de sauver sa vie. Rester seul c'est tuer son talent.

D'après Stephen R. Covey, dans la vie d'une manière générale, il y a toujours des gens qui nous suivent, en d'autres termes des gens qui s'attachent à nous. Ils nous suivent pour des raisons diverses et complexes ; on peut les classer selon trois axes différents qui tiennent compte de motivations et d'origines psychologiques variables. À un premier niveau, les gens nous suivent parce qu'ils obéissent à la peur. Ils ont peur de ce qui pourrait leur arriver s'ils ne font pas ce qu'on leur demande. On peut appeler cela le « pouvoir coercitif ». Un deuxième niveau de réponse suggère que des personnes nous suivent dans la perspective des bénéfices qu'elles pourront en tirer. On peut appeler cela le « pouvoir utilitaire », parce que dans la relation, le pouvoir a pour fondement un échange utile de biens et de services. Le troisième niveau de réponse est différent des autres en degré et en nature. Il est fondé sur le pouvoir que certaines personnes exercent sur d'autres, qui ont tendance à croire en eux et en leurs actions. Ils inspirent confiance, sont respectés et honorés. Ils sont suivis parce que les autres veulent bien les suivre, veulent croire en eux et en leur cause. Ce n'est pas de la foi aveugle, de l'obéissance ou de la servitude, c'est un engagement volontaire, inconditionnel et sans entrave. Cela s'appelle le « pouvoir légitime ».

Voici cinq types d'individus que vous êtes susceptibles de rencontrer selon John C Maxwell :
- Les renouveleurs : ils alimentent vos rêves et dynamisent votre talent ;
- Les raffineurs : ils affinent vos idées et clarifient votre vision ;
- Les réflecteurs : ils reflètent votre énergie, sans l'accroitre ni la réduire ;
- Les réducteurs : ils s'efforcent d'affadir votre vision et de ramener vos efforts à leur niveau de confort personnel ;
- Les rejeteurs : ils ne reconnaissent pas votre talent, entravent vos efforts et gênent votre vision.

La responsabilité

Elle renforce le talent. Nous vivons dans un monde qui surestime le talent et sous-estime la responsabilité. Vous êtes responsable de ce qui vous arrive en bien ou en mal. Nous sommes les responsables de nos choix et de nos décisions, mais nous n'en maitrisons pas les conséquences. La responsabilité est le fondement de la réussite. Une responsabilité en appelle une autre. Elle affirmit votre réputation. Vous êtes le responsable de votre vie, ne blâmez pas les autres en cas de problème. Dans toutes les circonstances, soyez responsable. Dans la vie, tout est une question de responsabilités. On peut soit la fuir, soit l'assumer. Il y a ceux qui blâment les générations précédentes. Abraham Lincoln disait : vous ne pouvez échapper aux responsabilités de demain en vous dérobant à celles d'aujourd'hui. Selon Brian Tracy : « Vous avez des talents, des compétences et des capacités innées qui prisent ensemble vous rendent unique. Vous avez une combinaison d'expériences qui n'appartient qu'à vous seul. Votre tâche et votre responsabilité dans la vie sont de trouver votre place. »

Vous avez le droit de réussir

La réussite est accessible pour tout le monde. Il faut vous autoriser à réussir dans ce que vous faites. Il n'y a pas de formule universelle pour la réussite. Il n'y a que des principes et des valeurs qui conduisent à la réussite. Aujourd'hui, il y a trop de publicité sur la réussite. C'est devenu comme la ruée de l'or. Ce sont les vendeurs de pelles qui s'enrichissent. Trop de formation sur les finances, travailler moins pour gagner plus pour vivre une vie de rêve. Chacun doit trouver sa voie pour sa réussite. L'opportunité de réussir est accessible à tous. Il n'y a personne qui peut vous en empêcher si ce n'est vos croyances limitantes. Vous pouvez vivre l'adversité et faire face aux obstacles. Ils font partie du chemin. Notre papa nous disait que ceux qui réussissent n'ont pas deux têtes ou quatre bras. Même s'il y a des critiques plus que d'encouragements. Cela ne nous empêchera pas de réussir.

Dale Carnegie a dit : « L'adversité, la persécution ne sauraient entraver les opportunités de succès et de richesse. » Ne visez et n'attendez jamais moins que le meilleur, le plus haut. Ne vous laissez jamais aller au pessimisme et au découragement.

La réussite, c'est obtenir les résultats avec votre talent sans violer les droits des autres ou sans écraser les autres. John C Maxwell a dit : « Bien des gens ne ressentent tout simplement pas le besoin de réussir. » On ne peut réussir sans sacrifice. Il faut continuer à exercer vos talents même si on ne maitrise pas tout. Rien n'est acquis, faites toujours comme si c'était la première fois.

Myles Munroe a dit : « Un homme ne décide pas de son futur. Il décide de sa routine et de ses habitudes. » C'est notre routine et nos habitudes qui décident de notre futur. La routine et les habitudes peuvent permettre de décrire le futur. Chacun de nous doit se demander quel est son talent et quelle est sa contribution dans la société où il vit. Joséphine Bouchez et Matthieu Dardaillon ont dit : « Nous avons la solution en nous ! Personne ne peut résoudre tous les problèmes du monde, mais chacun peut contribuer à résoudre un problème. Et associées les unes aux autres, nos contributions peuvent changer la donne. » Le monde a besoin de tous les talents.

Références bibliographiques

Bouchez J. et Dardaillon, *Tu fais quoi dans la vie ?* Éd. Alisio, 2021.

Carnegie D. *Comment avoir une vie plus riche.* Éd. Le Livre de Poche, 2020.

Chklovski V. *Technique du métier d'écrivain.* Éd. l'arbre du vengeur, 2020.

Dubois T. *Le livre pour découvrir vos talents.* Éd. Librinova, 2021.

Gilbert E. *Comme par magie.* Éd. Livre de poche, 2015.

Goldberg N. *Pourquoi écrire va vous rendre heureux ?* Éd. Robert Lafont, 2022.

Hardy D. *L'effet cumulé.* Éd. Diateino, 2020.

Maxwell J. C. *Le talent ne suffit jamais.* Éd. GIED, 2008.

Maxwell J. C. *Devenez ce que vous devez être.* Éd. GIED, 2005.

Mogi K. *Le petit livre de l'ikigai.* Éd. Mazarine Livre de poche, 2017.

Pérets J. *comment réussir avec les autres : les relations humaines comme une arithmétique.* Vision Biosphère, 2018.

RathT. *Découvrez vos points forts avec le test Cliftonstrengths.* Éd. Pearson, 2019.

Robbins A. *L'argent, l'art de le maitriser.* Éd. Un monde différent, 2015.

Tracy B. *Gagner plus.* Éd. Diateino, 2022.

Tracy B. *Le pouvoir de l'autodiscipline.* BP Editions,2021

Tracy B. *Libérez votre potentiel et réussissez-en 7 étapes.* Éd. Alisio, 2016.

Tracy B. *Maitre de votre temps maitre de votre vie.* Éd. du Trésor caché, 2018.

Vision Biosphère
Voir la vie dans toutes ses possibilités

Vision Biosphère est une entreprise qui vise à vous faire voir la vie dans toutes ses possibilités. Tout ce que vous faîtes ou vous ferez c'est parce que vous en avez vu la possibilité d'avance.

Le concept Vision Biosphère

Dede Kasay a dit : « *Lorsque le concept est erroné, les résultats seront infailliblement erronés* ». C'est ainsi qu'il nous est nécessaire d'expliquer le concept Vision Biosphère :

- La Vision : c'est voir non pas ce qu'il y a mais ce qui doit être et en faire une réalité. Car, « *une vision sans action n'est que rêverie et des actions sans vision ne sont que des passe-temps* », a dit Mwembia Kabeya. En d'autres termes, c'est l'image mentale de ce qu'on veut faire (entreprendre) ;

- La Biosphère : C'est la partie du globe terrestre ou la vie est possible en permanence. Elle répond à la grande distinction entre le monde vivant et le monde inerte. C'est un terme pris de l'écologie qui étudie les rapports des êtres vivants et leurs milieux.

Notre expertise

Nous sommes une entreprise d'édition, de formations et conseils. Notre expertise consiste à vous révéler les possibilités qui s'offrent à vous. Nous vivons dans une société qui classifie les gens en gagnants et perdants, pauvres et riches, forts et faibles... La classification cache une certaine discrimination. Comme si tous les rapports humains devaient aboutir au triomphe des uns et à la défaite des autres. Vous n'êtes pas obligé à appartenir à une catégorie ou une autre mais de voir la vie dans toutes ses possibilités.

Nos motivations

Quelqu'un a dit : Si le but d'une chose n'est pas connu, son abus et inévitable. Nos motivations nous les puisons dans les citations suivantes :

- Dale Carnegie a dit : "*Les idées les plus brillantes au monde sont sans valeur si vous ne les partagez pas*" ;

- Périclès a dit : "*Celui qui a des idées et ne sait pas les faire passer n'est pas plus avancé que celui qui n'en a pas*".
- Toute personne a quelque chose à donner aux autres.

Contact

Notre site internet : https://www.vision-biosphere.com/

Nous souhaitons échanger avec vous à l'adresse

E-mail : visionbispherebusiness@gmail.com

Notre page Facebook : Vision Biosphère

Twitter : Junior Pérets

Instagram : @visionbiosphere

LinkedIn : Vision Biosphère

Les livres du même auteur

1. Comment réussir avec les autres : Les relations humaines comme une arithmétique

Dans toutes relations humaines, les quatre opérations de l'arithmétique interviennent. Il y a la soustraction de la solitude, une addition de vos différences, une division de vos responsabilités et une multiplication de vos capacités. Aucun humain ne peut vivre en solitaire. Comment réussir avec les autres est une réflexion sur les relations humaines, qui utilise l'image de quatre opérations de l'arithmétique pour donner une compréhension globale de l'apport des relations humaines dans notre vie de tous les jours.

2. Les Pouvoirs de la parole en public

La parole a des grandes contributions dans notre vie de tous les jours. La parole en public nous octroie des pouvoirs. Chaque jour, nous sommes appelés à parler en public et à voir les autres le faire. Et souvent dans la vie ce que nous faisons quotidiennement ne nous permet pas, parfois, de nous rendre compte de la contribution apporté dans notre vie.

3. La Vie continue quel que soit votre passé

Pour beaucoup, les souvenirs les hantent. Ils laissent leur passer déterminer leur futur. Souvent, ils se punissent eux-mêmes inconsciemment en sabotant leur propre réussite. Nous sommes le résultat de notre passé, nous ne sommes pas obligés d'en être captifs. Mark Twain a dit : "Faites vos projets dans l'avenir. C'est là que vous allez passer le reste de votre vie". On s'habille en fonction de là où l'on va. Mais le passé comporte un autre problème, et c'est exactement l'inverse. Il est difficile pour celui qui regarde trop son passé de voir son avenir.

4. Comment passer du rêve à la réalité

Votre rêve commence à se réaliser le jour où vous êtes conscient d'en avoir un. Ce qui exige de commencer là où vous êtes. Il n'y a pas un pays de rêve. Il n'y a que de pays où les rêves se réalisent. Il n'y a pas d'hommes, ni de femmes de rêve. Il n'y a que des hommes et des femmes qui réalisent leurs rêves. Pour accomplir votre rêve, il vous faut un plan. Il permet de répondre aux questions : qui, quoi, pourquoi, comment, quand, avec qui et combien ?

5. Comment vivre dans un monde en crise

Les crises sont des moments auxquels nous ne nous attendons pas, qui nous exigent de faire des choses que nous ne faisons pas d'habitude. Elles sont des alarmes pour éveiller notre créativité ; c'est ainsi que l'on peut dire que les crises sont des moments de progrès. Les grandes questions : comment allez-vous les gérer ? Est-ce que vous allez abandonner ? Est-ce que vous allez permettre aux circonstances de vous rendre misérable ? Est-ce que vous allez tenter de faire mieux ? La vie ne présente aucune garantie. Nous essayons de nous protéger par toutes sortes de moyens : parapluie, airbags, alarmes contre les cambrioleurs…Le problème dans la vie n'est pas ce qui nous arrive mais la manière dont nous le gérons. La première gestion est au niveau mental.

6. Un regard dans le passé pour un avenir meilleur

Pour un homme sage, hier est mort, demain est en vue de l'esprit, la véritable vie c'est celle qui a sous mes pieds, c'est donc l'instant présent. Le synonyme du mot présent, c'est « cadeau » ; l'instant présent est donc un cadeau et mérite toute notre attention. Ce que vous construirez dans l'avenir, ne fera que produire en détail ce que vous imaginez aujourd'hui. Si vous voulez savoir celui que vous deviendrez dans les années à venir, tout dépendra de ce que vous faites maintenant. Aussi, quelqu'un a dit : ce à quoi on accorde plus du temps, on finit par le devenir. Ce que vous êtes aujourd'hui est le résultat de ce que vous avez fait jusqu'à hier.

7.Le changement commence ici

La vie est comme un long voyage avec beaucoup d'étapes. Pour les connaisseurs du voyage, on ne peut voyager qu'avec ce qui vous servira pendant le trajet. Le changement, c'est prendre ce qui vous sera utile. Vous êtes le seul à savoir ce qui vous est utile et inutile. Dans la vie sur la terre, rien ne reste immuable. Le monde est soumis à une grande loi universelle : celle de l'impermanence. Tout dans le monde est soumis au changement. Rien n'est stable, permanent, définitif. La plupart des gens désirent le changement, alors que ce qu'ils ont besoin d'abord, c'est d'être responsable. Le changement vous positionne pour l'avenir. Si vous voulez réussir ou échouer le reste de votre vie, tout dépend des changements effectués.

8. La richesse de la vie

Chaque événement heureux ou malheureux dans notre vie de tous les jours ne doit pas nous empêcher de voir la vie du bon côté. Car il y a toujours une leçon qui nous permet de mieux vivre dans l'avenir. Ce sont ces leçons qui enrichissent notre vie. C'est ce qui rend notre existence riche. Cette richesse que chacun de nous a accumulée peut-être transmise d'une personne à une autre et d'une génération à une autre. C'est pour que ceux qui viendront après nous ne puissent pas perdre le temps que nous avons perdu et qu'ils ne tombent pas dans le même piège que nous. Qu'ils puissent avoir de bons fondements. C'est ce que j'appelle la richesse de la vie. La richesse n'est pas seulement ce que nous avons de tangible. La richesse n'est pas ce que l'on a dans les mains, mais celle qu'on a dans le cœur et dans la tête et qui produit ce que l'on a dans les mains. Cette richesse n'est utilisable que de son vivant.

9. Devenir autorité morale

Ce livre tient à présenter ce concept de deux mots. Comme le disait Dede Kasay lorsque le concept est erroné les résultats seront infailliblement erronés. Tout commence par la définition. Cette réflexion devrait inspirer les leaders et l'opinion publique à utiliser les mots dans leur vrai sens pour éviter des abus de langage. Elle est l'une des photographies de la situation du leadership. Elle accompagne le changement plutôt que de plonger dans la critique ou dénonciation. Nous reconnaissons qu'il y a des avancées. Ce n'est pas une prise de position catégorique sur la politique et le leadership. Tout en sachant que les leaders politiques sont des humains comme les autres avec des défauts et qualités.

10. Vivre au- dessus des difficultés

Il n'y aucune difficulté qui est gratuite, elles sont toutes à notre avantage. Elles nous révèlent ce que nous sommes et ce que sont les autres. C'est une période qui nous fait savoir que personne n'est à l'abri et que notre cas n'est pas unique. Nous comprenons que certaines réactions ne servent à rien. Les difficultés nous apprennent l'humilité. Nous apprenons que dans la vie les chosent changent. C'est en cette période que nous savons qu'il y a des choses qui dépendent de nous d'autres non. C'est un temps d'amélioration et une porte qui s'ouvre pour un meilleur avenir.

Notes

Notes